MANUAL DE TÉCNICAS PARA LA CONSTRUCCIÓN PERSONAL

FE H. RINCÓN

PAGE PUBLISHING
Conneaut Lake, PA

Primera publicación original de Page Publishing 2023

ISBN 978-1-6624-9514-4 (Versión Impresa)
ISBN 978-1-6624-9516-8 (Versión Electrónica)

Libro impreso en Los Estados Unidos de América

*Este libro está dedicado a todos los seres humanos con
la intención de mejorar la integración social al ofrecer
los patrones para un mejor cálculo de la autoestima,
esquivando el bullying y fomentando el respeto a
la individualidad desde el punto de vista propio.*

Índice

Agradecimientos

A Dios Todopoderoso, Creador del universo.

A mis hermanos en Cristo, mi familia, mis amigos, mis compañeros de estudio, mis compañeros de trabajo, mis alumnos, y todas las personas que he conocido porque todos ayudaron, de forma directa o indirecta, a la elaboración de este libro.

Al señor Pedro T. Peterson, un brazo fuerte de apoyo incondicional en la trayectoria de la historia de este trabajo.

Muchas gracias!

Introducción

Originalmente, la idea era escribir este libro sobre la *"autoestima"*, pero al encarar el término y analizarlo gramaticalmente, me di cuenta de que la palabra *"autoestima"* es un sustantivo que expresa el resultado de un proceso, que lógicamente debe reconocerse como *"el proceso de la autoestimación"*, del cual no encontramos ninguna referencia.

El término (autoestimación) me hizo aterrizar en dos términos más: "autovaloración y autoevaluación", lo que sirvió de salvamento para poder seguir abrazada a la idea inicial de referirme a este confuso tema.

Lo que me intrigaba del tema era la palabra *"auto"*: ¿Cómo una acción que de manera individual hacemos para nosotros mismos, era manejada por los demás miembros del grupo al punto de hacernos bailar como títeres al obligarnos a pensar en su necesaria aprobación sobre nuestras acciones? Esto era realmente angustiante: *enfrentar el día a día bajo la sugerencia de cuál era la mejor forma de actuar por parte de los observadores, a riesgo de ser rechazados, versus la necesidad propia de reprimir o manifestar nuestros deseos, siguiendo nuestras más profundas motivaciones en el camino de hallar la plenitud de la paz interior.*

Me propuse entonces, primero, comprender quién es el objeto sobre el cual se hace la estimación, la valoración o la evaluación y quién la hace. Luego, intentar describir mi comprensión sobre qué es la autoestima como resultado del proceso de la autoestimación y, de paso, expresar mi criterio y justificación sobre la ocurrencia de este proceso al eslabonarlo paso por paso, teniendo como base la actuación, de manera que pudiera ir recreando cada episodio, desde la presentación inicial del actuante hasta alcanzar el resultado final: *la calificación o porcentaje de aprobación social, lo que se conoce como nivel de la autoestima.*

La palabra autoestimación describe al sujeto y, a la vez, al objeto del proceso. El sujeto que realiza la estimación es *la persona humana* y el objeto sobre el cual la realiza es sobre *la propia personalidad.* De ahí se desprende la palabra autoestimación.

Para comprender a este sujeto-objeto de la autoestimación se hizo necesario analizar al ser humano en los aspectos generales de: su forma de originarse o reproducirse, su crecimiento, su desarrollo y su transformación personal, ya que él es el protagonista del proceso. Quiere decir que al observar al ser humano como el autor de su estimación personal se supone que lo hará bajo su propio punto de vista, o sea, de manera muy individual. Sin embargo, debe contar con el criterio de sus observadores porque al final lo que se busca es la aceptación o aprobación del grupo en el cual se sobrevive, y este es el punto donde resulta la ambigüedad en la evaluación al querer desconocer que la estimación personal individual y propia está basada en los patrones de la moral social que organiza al grupo y, por esta razón, los observadores siempre tendrán una participación importante a la hora de calificarnos en nuestro nivel de autoestima.

La autoestimación se puede tomar también como *autoevaluación*, y a sabiendas de que el objeto que se evalúa es el funcionamiento de la persona humana, o la personalidad, de la cual se demanda *la actitud responsable*, podemos llegar al entendimiento de que lo que se evalúa es: *la respuesta del individuo frente a los estímulos internos y externos que emanan de su construcción personal* y, a la vez, este proceso es el que crea el criterio para la propia evaluación o estimación.

Es imposible entonces hablar de evaluación o autoevaluación sin enfrentar la construcción personal porque de ella resulta el criterio para ser autoevaluado. Pero para que este proceso de autoevaluación se pueda realizar, exige, a su vez, que el individuo, según su nivel de crecimiento personal, ya tenga adquirido su grado de responsabilidad que funcione como una camisa de fuerza que impida que este se realice una evaluación antojadiza que en nada se refiera a los patrones de la moral, o a las leyes que organizan, o al beneficio de vivir en grupo, lo que describe cierto avance en la *construcción* personal.

Nadie puede tomar lo natural para determinar los niveles de la *autoestimación*, porque la naturaleza es perfecta para todos, ya que somos individuos, todos, diferentes y únicos. Por lo tanto, somos incomparables aunque la sociedad se empeñe en eso. Además, se *evalúa* la capacidad de *integración* social, la cual está basada en el aprendizaje y aplicación de las normas y reglas que organizan la vida en sociedad. Así que, primero se aprende y luego se *evalúa* la aplicación de lo aprendido, lo cual se verifica por nuestra actuación frente a los demás.

Seguros ya de que el proceso de la *autoestimación* no es un proceso aislado, sino que depende básicamente de la *construcción* personal, no solo porque esta forja, en su primera parte, el criterio para evaluar, sino que su finalidad es evaluarla a ella misma. La gran pregunta ahora es: ¿Para qué se hace la evaluación o estimación? Sencillamente, para certificar la calidad de la *construcción* personal o para corregir deficiencias en el camino del crecimiento personal. De manera que después de la *autoestimación*, sopesando nuestra calificación o nivel de aprobación social, volvemos a retomar la *construcción* personal para corregir, continuar construyéndonos y avanzando en el crecimiento personal para mejorar la funcionalidad del individuo, alcanzando mayores niveles de aceptación y reduciendo las contradicciones en el grupo.

Por eso, aunque nos referimos, en estas líneas, al proceso de la *autoestimación* y a su resultado, la autoestima, nuestro propósito principal es la *construcción* personal, porque la explicación de este proceso solo tiene sentido si se toma como punto de partida la propia formación y mejoramiento personal a fin de lograr los mayores niveles de aceptación social.

La *construcción* personal debe visualizarse como un edificio que se construye por etapas y niveles. En las primeras etapas se establece el criterio personal bajo el amparo de las siguientes instituciones sociales: la familia, la escuela y la iglesia, todas bajo la dirección del estado de gobierno y la sociedad, quienes diseñan la actitud responsable de los ciudadanos conforme a las leyes y la moral social.

Finalmente, y de manera inevitable, llegamos a la comprensión de cuál es el resultado ideal de la *construcción* personal, al ser revelado por el proceso que sigue la *autoestimación*, resultando en una calificación que representa el nivel de aceptación social que se lee: "autoestima alta" o "autoestima baja", sin dejar de sugerir que es posible influir en nosotros mismos para mejorar nuestra proyección interna y social, al visualizar una técnica que podría ayudar en el camino de alcanzar el dominio propio, dándole una opción esperanzadora a aquellos cuya *construcción* personal, no solo ha estado siendo mal evaluada, sino que se encuentran perdidos y confundidos con respecto de hacia dónde, cómo y para qué se crece personalmente. Además de crear la conciencia de que es nuestra la responsabilidad de tomar la *construcción* personal y darle continuidad, corrigiendo en nosotros lo deficiente y avanzando a nuevos niveles.

Pero eso solo lo podemos hacer si logramos alcanzar el dominio propio cifrado en el supuesto control de nuestras emociones. Así que no pudimos terminar nuestra propuesta sin apartar un espacio para hablar del ansiado estado dominante sobre nuestras emociones.

Nada de lo que dice este libro es nuevo, lo nuevo aquí es la perspectiva con que se observa *"la construcción personal"*, la forma de evaluarla (*la autoestimación*), y el ideal de funcionalidad de la *personalidad* que se va forjando en el proceso: *"la actitud personal responsable"*, bajo la plena conciencia del *"dominio propio"*.

Presentación

Manual de Técnicas para la Construcción Personal es una reestructuración y revisión de las concepciones más clásicas y antiguas sobre el comportamiento humano individual frente a la aceptación del grupo en el cual se sobrevive, que sugiere un modelo de conducta ideal y práctico que se puede imitar objetivamente.

Señala la versatilidad de la persona humana que es y está simultáneamente. También recomienda, disimuladamente, volver sobre nuestra historia, para recoger las viejas costumbres de civilizar a los nuevos ingresos sociales porque la redefinición planetaria de *la libertad* sugiere, en nuestros días, que el ser humano puede vivir en estado salvaje y mantener la armonía en el grupo, y esto representa la mayor contradicción, ya que el ser humano sobrevive mejor en grupos y este exige normas y leyes para organizarse y garantizar la paz.

Por eso todo, el que pretende participar de un grupo, especialmente si está recién llegado a este mundo, debe ser sometido al proceso de civilización, es decir, al conocimiento de todas las reglas que norman la conducta de su grupo, a fin de vivir en equilibrio, alcanzando la satisfacción de todas sus necesidades al adquirir deberes y derechos que emanan del sistema social establecido.

Los deberes son las normas que organizan al grupo, su conocimiento es de carácter obligatorio, porque de su correcta aplicación emanan los derechos de cada individuo. Mientras el individuo no aprenda esas normas no se le puede exigir que las obedezca, que es lo mismo que decir que no se le puede exigir que responda a ellas cuando el grupo se las demande. Pero la falta de responsabilidad le privaría del derecho básico a existir. Por tal razón, en el proceso de aprender los deberes o las normas, los padres o tutores representan a sus hijos y responden por ellos en lo que aprenden, para que puedan obtener el derecho de mantener su dignidad como seres humanos en lo que se someten a un proceso de *construcción* de la *personalidad* que debe ir forjando la propia actitud responsable, de manera que la dignidad sea sostenida, más adelante, por el propio individuo y sus derechos les sean entregados sin intermediarios.

Por eso el sistema grupal hace un gran esfuerzo para vincular al individuo socialmente desde el nacimiento al circunscribirlo a sus padres, su historia, su geografía, su economía y su cultura en sentido general, expresados en un sistema de valores que le servirá, primero, para gestionar su razón social, la cual es la madre del criterio propio, porque siempre dependerá de esta. Luego, lo llevará a identificarse como miembro del grupo y, finalmente, le servirá para evaluar la propia conducta y las de los otros, frente a los demás.

Consideramos entonces que el proceso de la *construcción* personal se completa al contemplar la *integración* del individuo en sociedad, dándole la oportunidad de aprender sus deberes bajo la supervisión del grupo, quien debe otorgar los derechos en la medida que se forja la actitud personal responsable, por lo que ofrece la manera de evaluar la *construcción* con la mira puesta en el ideal de la funcionalidad de la personalidad, que es la razón por la que ha sido escrito este libro.

El texto consta de tres capítulos, el primero: "Fundamentos para la construcción personal", explica al ser humano en su parte natural, individual y social, describiendo los aspectos a construir y el material de construcción de la persona humana, así como el contexto en que es construido.

El segundo: "La autoestimación", habla sobre la necesidad de establecer un proceso para la evaluación igualitaria como primera medida de justicia social, al ofrecer los patrones de lo que es bueno y lo que es malo para todos, los cuales constituyen el punto referente para todos los juicios valorativos de la conducta individual y social de las personas que componen un grupo y que, a su vez, determinan la actitud personal responsable.

Y el último: "Técnica básica para alcanzar el dominio propio", descubre la panorámica física y virtual de la producción emocional para describir, con eficacia, la operación de la mecánica de la actuación, entregando todo el proceso al entendimiento humano a fin de que sepa cómo hacer funcionar la propia persona a cabalidad, alcanzando mayores niveles de productividad, aprobación social y satisfacción al lograr el dominio propio.

1

Fundamentos para la construcción personal

El origen del hombre

La ciencia: estudio y desarrollo de la raza humana. Durante muchos años, el hombre se calculó como un ser vivo diferente a las plantas y a los demás animales. Determinó la Botánica, como una ciencia que se dedica al estudio de todas las plantas; y la Zoología, como otra ciencia enfocada en el estudio de los animales. El estudio de la vida humana era clase aparte.

Pero la capacidad de percepción y razonamiento sobre el entorno, le dio al hombre facilidades para darle rienda suelta a su curiosidad ante la necesidad de hallar las mejores soluciones a la problemática de la vida diaria, sobre el abastecimiento de alimentos, la construcción de guaridas más seguras y confortables para protegerse de las inclemencias del tiempo y de otros depredadores, para prevenir y curarse de enfermedades, y para reproducirse en las mejores condiciones garantizando la supervivencia de sus crías.

Todas las observaciones del hombre, motivadas por su necesidad, trajo como consecuencia el desarrollo de las ciencias, las cuales empezaron a encontrar las diferencias más significativas entre las distintas especies de seres vivos, así como las similitudes, con el fin de poderlos agrupar para estudiarlos más a fondo.

El ciclo vital del hombre seguía siendo estudiado de manera independiente de las otras especies, pero a medida que la Zoología se desarrollaba iba encontrando muchos puntos comunes entre la vida de este y otros animales. El desarrollo de esta ciencia permitió describir, con claridad, cada detalle sobre las características físicas y el proceso vital de todos los animales, por lo que, de manera inevitable, se iban reflejando parentescos entre familias de animales.

Las arduas investigaciones de los científicos de aquella época, dieron como resultado el reconocimiento del hombre como miembro de una familia de animales llamada mamíferos, ya que al compararlos en su ciclo de vida y características físicas, se hallaron tantas similitudes que la ciencia no lo pudo negar. Pero, aun así, el hombre tiene una condición que lo separa de los demás miembros de su especie: la capacidad para realizar el proceso de razonamiento más allá de lo que pudieran lograr los demás animales.

Ante esta gran verdad la ciencia ha tenido que retroceder para reconsiderar al hombre como la integración de dos unidades potenciales: el animal y la capacidad para realizar el circuito de razonamiento en forma avanzada. De manera que, para hablar de quién o qué es el hombre, necesariamente hay que visualizarlo desde los dos puntos de vista.

Desde el punto de vista teológico se asegura que, durante el proceso de la creación, Dios hace el cuerpo del hombre del polvo de la tierra y le da vida con su aliento. En esta descripción vemos que el hombre es una entidad viviente formada por la integración de dos unidades: *el cuerpo y el espíritu*, y que la vida se encendió cuando se integraron las dos partes.

Este mismo hombre que dice la Biblia que Dios creó es el mismo que describe la ciencia, ya que la parte espiritual es la que supone nuestro mundo psicológico, nuestra potencialidad de aprendizaje, nuestra existencia virtual, porque el espíritu es el que aprende.

La medicina, la psicología, la sociología y otras ciencias menores han realizado investigaciones para apoyar el estudio del hombre en su dualidad, con la finalidad de alcanzar el desarrollo integral y pleno del ser humano, pero este, por tener una alta sensibilidad, en su afán por sobrevivir, evoluciona para adaptarse al medio, al mismo tiempo que ejerce su genio sobre él y lo hace desarrollarse.

La evolución es, pues, una constante que no le ha dado tregua a las ciencias para detenerse, porque ahora ellas son las que arrojan luz sobre las proyecciones futuristas de la evolución de la humanidad.

Tanto la biblia como las ciencias están de acuerdo en que la persona humana es una integración dual, el cuerpo y el espíritu, o el cuerpo y la psiquis, o el cuerpo y el raciocinio. Por esto sabemos que la definición o conceptualización de la persona humana se ha intentado desde el punto de vista teológico, filosófico y científico con el fin de comprender, a profundidad, quién o qué es, para determinar cómo se pueden alcanzar las mejores condiciones físicas y espirituales, o físicas y psicológicas, o para sobrevivir en este planeta o en cualquier otro lugar del universo. Lógicamente, la supervivencia se refiere a la conservación de la vida.

Categóricamente hablando, bajo el entendimiento de la dualidad de la persona humana, podemos afirmar que la vida de los humanos no es igual a la vida de los demás animales del planeta y en esta parte, aunque nos apoyemos en el legado de investigaciones y descubrimientos de las ciencias en sentido general, el estudio de la raza humana verdaderamente es clase aparte, ya que la vida de la persona depende de la integración de las partes que la componen.

De manera que al referirnos al tema decimos que la persona humana tiene dos partes cuya integración genera un estado activo y en crecimiento llamado vida, y si se desintegran las partes se genera otro estado inerte, pero degenerativo, llamado muerte.

Tanto la vida como la muerte sujetarán a la materia que forma al cuerpo a estados evolutivos, ya sea de multiplicación e integración, o de separación y disipación de la misma.

El cuerpo

El *cuerpo* humano es la parte material, objetiva y concreta de la persona humana, por la cual se puede determinar a simple vista su existencia. En las siguientes líneas trataremos de cómo se origina.

Pese al dilema universal de la teología, la filosofía y las ciencias, en sentido general, sobre el origen de la humanidad, a cada momento y en todos los lugares donde haya seres humanos de diferentes sexos, se están originando nuevos seres humanos, quizá con una frecuencia que no podemos ni siquiera calcular, ya que los estudios de la biología humana aseguran que la vida de una persona se inicia con el ensamble genético de las células germinales (óvulo y espermatozoide), que se puede dar de manera natural mediante la relación sexual de dos personas de diferente sexo, o mediante la inseminación artificial de la hembra.

Para poder comprender este origen es necesario llegar al entendimiento de la racionalidad de la Biología humana, que admite que la estructura básica donde se inicia la vida es el mapa genético, el cual es entregado en dos mitades contenidas en las células germinales, que necesitarán fusionarse formando una sola. Una vez fusionadas las células y completado el mapa genético se enciende la chispa de la vida, cuya manifestación primaria es un latir, el latir de la vida, que anuncia el inicio de la evolución de un nuevo ser.

Las células germinales son células cuyo núcleo contiene veintitrés (23) cromosomas, que al fusionarse formarán una célula con dos núcleos que sumaran cuarenta y seis (46) cromosomas, es decir, la medida del área de construcción del mapa genético está representada por esta cantidad de cromosomas, cuyo cálculo y expresión debe simplificarse diciendo que son en realidad veintitrés (23) pares. La razón es porque los 23 cromosomas contenidos en cada célula germinal no se pueden considerar por separado como 11 pares y medio, sino que cada cromosoma buscará su par en el otro núcleo, y hasta que no se realice este apareamiento completo no se encenderá la chispa de la vida.

Este es el punto más importante del ensamble, ya que los cromosomas son paquetes de genes y los genes contienen toda la información de la construcción física del nuevo individuo, y hasta que esta información, expresada en códigos de reacción química, no halle la comprensión, no se iniciará la vida. La mejor forma de describir el ensamble es imaginando a un circuito eléctrico que, al cerrarse para completar su conexión, genera energía, la cual, en este caso, tendrá la capacidad para promover la evolución de esa nueva célula, que recibe el nombre de célula madre.

La continuación de este proceso es la multiplicación celular en la cual las nuevas células se van diferenciando en forma, color, tamaño y funciones, pero conservarán la identidad nuclear, porque la información contenida en los núcleos es la que dirige el proceso de construcción física con alta precisión y exactitud en la mayoría de los casos.

Toda la información contenida en la célula madre es considerada como el conocimiento que origina la vida, o que la trae a nacer, por eso también se conoce como *conocimiento natural,* el cual es el padre de todas las células que se van a derivar de la multiplicación celular, de todos los tejidos variados que se irán formando, de los órganos, los aparatos y sus funciones, los sistemas y su correlación y, finalmente, la automatización y coordinación del sistema que sostiene la generación constante de la energía que va a motorizar y dar soporte a la mecánica de la acción.

Vale señalar que en todo esto está incluido el cerebro y todo lo que en él funciona, incluyendo la mente racional. Es decir que este conocimiento es el papá de la mente y sus funciones, por lo tanto, la mente está dentro de él. Aquí señalamos que, en algunos casos, se había contemplado al revés, al considerarse a esta mente como el archivo básico de la operación vital. La mente racional está siendo concebida por la información genética contenida en los núcleos celulares, una vez iniciada la multiplicación celular de la célula madre. Es decir, los códigos de reacción química formados por el apareamiento cromosomático hacen su trabajo fuera de la racionalidad de una mente que está en gestación, un conocimiento que, por no haber sido razonado, recibe el nombre de *conocimiento irracional,* el cual, además, patrocina todas las actividades de supervivencia individual llamadas instintivas.

Este conocimiento también recibe el nombre de *conocimiento* inconsciente, porque no se puede hacer conciencia de él, es decir, la mente no lo puede recuperar desde dentro del cuerpo y procesarlo de manera que se haga de su conocimiento para poderlo someter bajo su control o voluntad, o archivarlo, o borrarlo o, sencillamente, modificarlo. Esto es lo que se dice: "hacer conciencia", de esta forma se explica que este conocimiento es inconsciente, además de que el volumen de esta información es demasiado extenso y no cabe en ninguna mente humana, por más giga que tenga la memoria de la mente racional.

Es imposible continuar sin admitir que, si bien la mente racional procesa los conocimientos que adquiere y los archiva en la memoria, los razona y alcanza la comprensión de los mismos generando energía, produce sentimientos con capacidad de desencadenar procesos emotivos, creando los deseos, los cuales, en la mayoría de los casos, pueden ser materializados, determinando la conciencia y la racionalidad, no es menos cierto que el contenido de la mente irracional puede realizar la misma pasarela de ejecución con la gran ventaja de que el conocimiento natural no se tiene que adquirir, él es el que nos hace nacer, no se tiene que archivar, está guardado en un lenguaje físico que se llama "códigos de reacción química", el cual no está sujeto al recuerdo, pero tampoco al olvido, no es necesario razonarlo porque su razón es la supervivencia y está implícita en él mismo, su comprensión y generación de energía está certificada en el ensamble genético, por lo tanto, tiene capacidad para desencadenar procesos emotivos creando los deseos que representan las necesidades básicas que necesitarán ser satisfechas para la conservación de la vida. Además de que el "gigaje" de almacenamiento de los núcleos celulares donde se encuentra es mucho más extenso que el de la mente racional. Todo este conocimiento funciona de manera automática, y es quien dirige la vida durante los primeros años, en lo que la mente racional se va desarrollando y madurando según la gestión cultural, tomando en cuenta a la familia, la escuela, la iglesia y el Estado.

La información contenida en el mapa genético está dividida en tres (3) fases:

La creación: todo el conocimiento sobre la creación de la unidad se refiere a la proyección futurista de la arquitectura orgánica, su desarrollo, crecimiento y funcionalidad, desde la fusión de los gametos que genera la vida, hasta alcanzar su plenitud.

La protección: el programa de protección incluye la creación de la mente, ya que esta es un dispositivo de comunicación con el medio exterior ante la necesidad de conseguir alimentos que ayuden a mantener la generación de energía para el funcionamiento interno, de manera que la unidad pueda continuar trabajando. La mente, a su vez, desarrolla los reflejos de curiosidad, conservación, seguridad y defensa, manteniendo la unidad viva mediante el proceso de adaptación al medio ambiente y evolucionando de acuerdo a la necesidad. Este programa obedece a la exclusividad del patrón creado (individuo), y determina la individualidad.

La reproducción: la clonación se puede ver como una reproducción desde el punto de vista del significado de la palabra reproducir, pero la reproducción animal, donde se involucran dos individuos, no se puede considerar como una clonación, porque al involucrarse dos individuos, cada uno aporta la mitad de la semilla a reproducir, lo que dará como resultado un tercer individuo, que será diferente a sus progenitores. Aun así, en la reproducción se clonan todas las características generales físicas aparentes, la estructura orgánica interna y funcionamiento de la parte animal del hombre, así como todos los patrones de conducta que se desprenden del síndrome informático-conductual que dirige la vida animal y que se refieren a la supervivencia. Además, la reproducción de la vida incluye acciones de conducta o inclinaciones hacia la socialización, por la necesidad de hallar una pareja con la cual pueda reproducirse. La pregunta es ¿por qué el proceso de producir nuevos especímenes de un grupo determinado, debe entenderse como reproductivo?

La producción de nuevos especímenes es un proceso biológico mediante el cual se aumenta la cantidad de individuos que integran una especie, y este suele ser el punto más significativo, porque para que los individuos producidos puedan ser considerados de la misma especie deben reunir las mismas características generales de sus progenitores. Esta capacidad de poder clonar sus características en los nuevos especímenes es lo que se llama reproducción, es decir, volver a producirse. Para que se dé el proceso reproductivo hace falta una semilla animal, esta es suministrada en dos mitades. La fusión de estas dos células inicia la vida.

El inicio de la etapa de la reproducción está marcado por la posibilidad física de iniciar la maduración de gametos para la germinación animal. Pero a pesar de los esforzados estudios científicos sobre la genética, hasta ahora, la estructura del mapa es impredecible, ya que se desconocen los criterios bajo los cuales se producen las alianzas genéticas durante el proceso de maduración de los gametos o semillas germinales.

La maduración de los gametos se refiere a que, a partir de la célula madre, todas las células que resulten de la división celular tendrán 46 cromosomas, es decir, 23 pares, lo cual es un indicativo de que cada vez que el cuerpo produce un óvulo o un espermatozoide, este originalmente tiene 46 cromosomas o 23 pares. Pero para que ambas células germinales estén aptas para iniciar el proceso reproductivo tendrán que rebajar su carga cromosomática a la mitad, de manera que cada célula debe quedar *con solo 23 cromosomas* para que al unirse sumen 46, es decir, 23 pares, que son los que se necesitan para completar un mapa genético.

Iniciando desde la fusión de las semillas germinales o gametos reproductivos del hombre y de la mujer, como son el espermatozoide y el óvulo, y siguiendo con su siembra en el útero de la mujer, es fácil monitorear todo el desarrollo de la vida física embrionaria de cualquier espécimen de la raza humana hasta su nacimiento.

Estas tres (3) fases van a determinar varias etapas de crecimiento y desarrollo que han sido bien estudiadas y caracterizadas por la biología, de tal forma que describe con mucha objetividad los procesos evolutivos, puramente físicos, señalados en una línea de tiempo, que va desde la etapa prenatal, la infancia, la niñez, la pubertad, la adolescencia, la juventud, la adultez hasta la ancianidad.

El espíritu

El *espíritu*: los seres humanos no podemos sintetizar la materia inorgánica para producir nuestros alimentos como lo hacen las plantas, de manera que necesitamos trasladarnos de un lugar a otro para hallar alimento. Además, tampoco podemos vivir siempre en la intemperie, expuestos a agua, al sol, a la humedad de la noche o a alguna inclemencia de la atmósfera. Es decir, el hombre para alimentarse y protegerse necesita moverse, pero para ¿dónde, cómo, cuándo? Estas interrogantes son las que incitan en el hombre la curiosidad de investigar su entorno, y para realizar estas investigaciones, el ser humano cuenta con un sistema operativo de recolección y análisis de datos que le permiten alcanzar las mejores respuestas para satisfacer sus más íntimas necesidades.

La espiritualidad es el complemento de este sistema cuya funcionalidad está evidenciada en su integración, ya que hemos visto al cuerpo vivo y al cuerpo muerto, y al hacer la comparación nos damos cuenta de que, aunque no lo veamos, existe. Claramente, observamos que, si el cuerpo está vivo, las dos entidades están integradas (el cuerpo y el espíritu), y si está muerto, objetivamente, el cuerpo está y el espíritu no, lo que nos lleva a indicar que la unidad se ha desintegrado. Esto es desde el punto de vista teológico, pero desde el punto de vista de las ciencias, en donde se admite que el espíritu es la capacidad de razonamiento avanzado que tiene el ser humano, también se observa que si el cuerpo está muerto tampoco está esa capacidad de razonar. O, en último caso, un cuerpo muerto no está generando energía, una parte del circuito se desconectó, se apagó y ya no existe más.

Como es nuestro interés contemplar al espíritu en su existencia, determinando su origen y su evolución, hasta su separación del cuerpo, debemos proclamar que la existencia del espíritu está demostrada en la existencia primaria de un cuerpo humano vivo.

Para poder comprender lo que no podemos observar con ninguno de nuestros sentidos, es necesario que nos auxiliemos de las pistas, medios o productos del espíritu para seguirle el rastro en nuestro intento de conceptualización, ya que esta conexión, en la mayoría de los casos, se ha considerado como misteriosa.

La conexión del cuerpo y el espíritu se certifica en la generación y evolución del pensamiento, el cual, de manera automática, se involucra en la investigación de la realidad que procede de nuestro entorno, y todas las informaciones que recolecta las deposita en la mente racional para ser procesada.

Establecida la conexión de las entidades en el cerebro como punto inicial y básico, en lo primero que pensamos es en las funciones cerebrales que comúnmente conocemos, como lo es el ejercicio del raciocinio en sus diferentes aspectos que son: la conciencia, el pensamiento, la razón, la memoria y la voluntad, aunque tengamos que recurrir a un punto más simple y originario como lo es la abstracción de las ideas conocidas, o la creación de otras. Necesariamente, hay que observar que el cerebro realiza otras funciones rectoras de la vida animal humana basadas en las ideas o conocimiento natural contenido en los núcleos celulares, es decir, que el cerebro es un órgano de acción dual, maneja las funciones puramente físicas, pero también se abre a la integración debido a que cuenta con todas las instalaciones necesarias para el funcionamiento de la mente racional. Esta condición permite que tanto la mente racional como la irracional interactúen, produciendo la actitud personal, el criterio para actuar o, sencillamente, lo que llamaríamos nuestro *"punto de vista personal"*.

El punto aquí es establecer una evidencia de esa conexión, describir un resultado que nos lleve de vuelta al momento en donde las mentes intercambian conocimientos para producir otro, lo que conocemos como "información", que tiende a ser la interpretación personal de lo que se conoce. Esta interpretación de lo que se conoce se puede entender, sin lugar a dudas, como la primera evidencia de la participación de la mente irracional al lado de la racionalidad.

En este punto, el describir la conexión de una mente representada en lo puramente físico con otra puramente virtual, es el desafío que debemos enfrentar, para lo cual ya explicamos qué es la mente irracional, dónde está ubicada con respecto al cuerpo, cuál es su leyenda y su finalidad, y lo que nos queda es describir la mente racional.

La mente racional es la potencialidad de sumar conocimientos procedentes del exterior, al conocimiento natural, para la generación de energía, para el entendimiento de la realidad que se observa, para la toma de decisiones en pro de mantener a la unidad viva en franco crecimiento y desarrollo, con el fin de alcanzar la plenitud en la reproducción. La opera el sistema nervioso, el cual está formado por el cerebro, la médula espinal y el sistema de nervios periféricos, siendo el cerebro el punto más descriptivo donde se realiza el razonamiento, se produce la volición y se certifica la existencia virtual. Este cuenta con cinco ventanas abiertas al exterior, las conocemos como los sentidos: la vista, el oído, el tacto, el olfato y el gusto, a través de las cuales se puede abstraer el conocimiento hasta la mente para ser procesado a fin de crear las ideas que servirán de base para la descripción del punto donde se conectan el cuerpo y el espíritu. La funcionalidad de este ensamble da como resultado la potencialidad del aprendizaje, es decir, la capacidad de archivar conocimientos adquiridos y comprendidos que orienten la actuación de forma automática, pero consciente, en favor de la supervivencia en el grupo al cual se pertenece.

Con respecto al cuerpo, la posición del espíritu es la interior. Es decir, el cuerpo es el envase y el espíritu es el contenido, pero básicamente el espíritu se manifiesta en la mente, dándonos a entender que todas las funciones mentales o intelectivas son manifestaciones del espíritu.

Existe otro punto importante de conexión del cuerpo y el espíritu, y es el corazón, porque en su actividad se registran cambios que se relacionan íntimamente con la comprensión del conocimiento, tanto del natural como del adquirido. Por eso los cambios en el ritmo cardíaco son el punto más convencional del entendimiento sobre, no solo de la dualidad de la persona humana, sino más bien de su integración, ya que todos los sentimientos y emociones que se desprendan de la comprensión del conocimiento no se pueden juzgar unilateralmente.

La mente irracional facilita la recolección del conocimiento procedente del exterior al disponer sus sensores (los sentidos), para percibir todas las formas energéticas proyectadas desde la realidad del entorno, con la finalidad de ayudar a construir la idea que oriente, inicialmente, la actuación. Realiza sus percepciones energéticas y en lo secreto de la irracionalidad, la traduce a códigos de reacción química generando energía y revelando a la conciencia el conocimiento comprendido y convertido en información o idea personal. Esta transformación del conocimiento en información indica que se ha realizado una suma del conocimiento natural con el aprendido, y ambos sufren transformaciones al crearse una idea nueva que pudiera convertirse en una verdad operativa, o una convicción que representa un nuevo peldaño en el camino de la toma de decisiones.

He aquí donde las percepciones sensoriales pasan de ser sensaciones o impulsos eléctricos capturados por los órganos destinados a la percepción especializada, a materializarse en forma de fluido corporal que, en su primera versión, son incitadores que provocan la producción de hormonas, las cuales son sustancias neurotransmisoras e incitadoras de nuevas producciones hormonales, desencadenando el proceso emotivo. En este proceso es que se involucra el corazón porque él es el que dirige el tránsito de fluidos corporales, los cuales, al aumentar, le hacen variar su ritmo.

El sentir o sentimiento producido por la comprensión del conocimiento, por un lado, es una expresión de luz que revela a la conciencia la realidad observada y, por otro lado, es una fuerza capaz de impulsar su propia evolución. El próximo paso en la evolución del conocimiento adquirido, después de generado el sentir, es el arranque del proceso emotivo hasta la producción del deseo.

Con todas estas aclaraciones aún sigue siendo difícil conceptualizar qué es el espíritu, pero ya tenemos las principales ideas sobre él. El espíritu es una ventana abierta al exterior que permite adquirir y procesar conocimientos con el fin de crear las mejores condiciones para la supervivencia desde el punto de vista del grupo. A modo de insinuación, podríamos señalar su origen en el encendido de la chispa de la vida producido por el ensamble genético, porque el mapa contempla el dispositivo de conexión de la futura mente racional, pero su origen es tan primitivo y elemental que solo lo suponemos. Debido a que va adquiriendo y archivando conocimientos está sujeto a una escala de crecimiento y desarrollo que se dan en sincronía con las etapas del desarrollo corporal, dado la necesidad de maduración física para la interpretación del conocimiento adquirido.

En la medida que se va desarrollando se manifiesta tanto en la mente como en el corazón. Su principal trabajo es la creación del criterio personal, o punto de vista, para la valoración de las realidades que observa, creando la conciencia y la voluntad según la gestión de la razón social y la cultura en sentido general.

Indudablemente que la relación entre el cuerpo y el espíritu, en su origen, nos da el punto inicial de la construcción personal, la cual debe considerar el levantamiento sincronizado de estas dos columnas, por la necesidad de mantener el equilibrio en la gestión de la razón social para la estandarización que exigen las normas que organizan todas las actividades de convivencia de un grupo.

La expresión *"persona humana"* es el titular de la construcción que se proyecta hacia el futuro, es el resultado esperado, es lo que se quiere lograr. El hecho de que se dé el primer picazo para realizar una obra, no quiere decir que ya la obra "es", y que funciona como tal.

La condición de "ser humano"

Los humanos, en cierto modo, cada día nos tornamos más humildes en cuanto a referirnos a nuestra condición humana. El decirse "humano" era como nombrar al dueño del planeta, o a los príncipes herederos del planeta, pero la naturaleza nos ha estado dando una gran lección en la medida que avanza el proceso de extinción y muerte de todas las especies que habitan en la Tierra. Ya no somos tan arrogantes al decir que somos los amos del mundo, porque eso nos hace responsables de toda la destrucción que está, y seguirá, sufriendo nuestro hábitat.

Por eso no traeremos aquí viejas definiciones filosóficas, teológicas, psicológicas, sociológicas o científicas en sentido general. Simple y llanamente queremos referir, para lo que nos interesa, que el ser humano, en la actualidad, es todo aquel que haya sido engendrado por humanos, ya sea de manera natural o por inseminación artificial de la hembra. Muchos de estos especímenes, al nacer, muestran algún defecto físico, o al ir creciendo revelan cierta incapacidad mental que no le permita o le dificulta la actividad de razonar según el grupo al cual corresponda, pero esta condición no les quita el derecho de ser llamados y tratados como seres humanos. Esta verdad es aceptada en todos los lugares del mundo, aunque muchos de ellos nunca salgan de la irracionalidad.

Es por esto que, sin más preámbulos, y quizá con un mayor número de posibilidades de definir, con precisión, qué significa la condición de "ser humano", diremos que para ser considerado humano solo hay que nacer de otro humano, ya que el avance de la ciencia y la tecnología ha permitido estudiar, con detalle, la individualidad de la figura humana, y eso se presta para que el individuo sea definido tan específicamente, que pudiéramos decir que somos miembros de una familia en donde cada uno representa una especie diferente.

Es, pues, esta condición natural de ser humano la que nos otorga el derecho a ser construidos como personas. De manera que un individuo recién nacido no puede ser considerado como una persona en sentido general, aunque para sobrevivir en las primeras etapas de la vida necesite ser protegido, alimentado y educado para vivir en sociedad. En este caso la dignidad humana está soportada, en primer plano, por la familia y, luego, por el Estado. Es decir, las primeras etapas de la construcción personal del individuo están bajo la responsabilidad de los otros miembros del grupo que ya han sido, legal y socialmente, reconocidos como personas. Ya que el objetivo principal de la construcción personal es la supervivencia y sabemos que el ser humano sobrevive mejor en grupo, o en sociedad.

La *construcción personal* la comprendemos como el proceso mediante el cual el individuo es sometido al sistema operativo social mediante el aprendizaje y práctica de los valores de la moral social que rige el grupo en el cual sobrevive y, es este aprendizaje que lo va identificando y dándole sentido de pertenencia, al mismo tiempo que describe su personalidad.

Para precisar las técnicas en el trabajo de la construcción personal y para asegurar el resultado hemos realizado algunas investigaciones sobre la conceptualización de qué es una persona y en la mayoría de los casos, por no decir en todos, hemos hallado aspectos comunes que necesariamente debemos señalar.

La persona humana

1- En todos los casos se refiere a un ser humano vivo
2- Que cumple un desarrollo biológico y psíquico
3- Con capacidad para razonar
4- Cuya conciencia ya está establecida
5- Con identidad individual y social
6- Conocedor de todo el contenido de la moral social de su grupo
7- Preparado para actuar según el código de la moral social
8- Plenamente responsable de sus actos
9- Libre, con capacidad para tomar decisiones
10- Con capacidad para ejercer sus deberes y derechos a plenitud

Ya describimos dónde y cómo se inicia la construcción personal, determinamos dos áreas fundamentales, como son el cuerpo y el espíritu, declaramos que ambos tienen como material de construcción al conocimiento. El cuerpo es construido por el conocimiento natural, preestablecido a plenitud en el ensamble genético, sobre el cual nada podemos hacer, nada podemos cambiar, y el espíritu que se construye con el conocimiento adquirido, el cual representa nuestra mayor y única oportunidad de participación en la construcción personal de los nuevos ingresos sociales, a fin de mantener el orden de los procedimientos establecidos en el protocolo del trato social, de manera que se pueda conservar la paz y la armonía del grupo donde se sobrevive.

Como lo que se pretende es la mejor convivencia y la continuidad en la existencia de los seres humanos, los grupos, según el contexto geográfico y la gestión cultural, han determinado lo que es bueno y lo que es malo en el plano físico individual y colectivo, y en el plano espiritual de igual modo. Esta determinación abarca la aplicación de un valor que señala los niveles de bondad de todas las verdades operativas que el grupo ha ido creando, basado en el conocimiento adquirido, según evoluciona en su contexto geográfico, y que se convierten en costumbres o modos de vida que reciben el nombre de "valores morales".

Los valores morales son verdades que se desprenden de la comprensión de la ocurrencia cotidiana de la realidad individual y social, que determinan la mejor forma de actuar en todas las situaciones predeterminadas, de manera que se reduzcan al mínimo las contradicciones en el trato social y se asegure un nivel de paz que favorezca la convivencia. Para la creación de un valor es inevitable considerar el contexto histórico y geográfico, por lo que no podemos dejar de señalar que, aunque muchos se aplican en todo el planeta, en cada lugar han tenido que ser ajustados a la realidad local para que puedan funcionar de forma óptima.

El conocimiento por sí solo no funciona, por eso este debe ser razonado, por lo que es importante y primario no olvidar que se debe forjar la razón al mismo tiempo que se enseña el conocimiento adquirido, ya sea de manera informal o formal. Por suerte, la creación del método científico ha traído un gran alivio, ya que se ha reducido en un gran porcentaje la falsedad del conocimiento creado en los últimos siglos. Aunque todavía hay algunos desaprensivos que siguen engañando a muchos con conocimientos falsos, por motivos diversos.

Dada la delicadeza que exige el uso del conocimiento científico o no, cada grupo se limitó, por mucho tiempo, en proteger el conocimiento creado por la experiencia de muchos años. Esta protección le dio durabilidad y le añadió el valor.

Debemos reconocer que el abanico de la comunicación, propiciado por la internet, ha realizado la mayor revolución del conocimiento, y con eso ha trastornado y desvalorizado conocimientos que forjaron el carácter de generaciones pasadas y que ofrecían mayores garantías de supervivencia, no solo de la especie humana, sino también de todas las especies que habitan el planeta. La virtualización del conocimiento ha permitido que este se mude de contexto, dejando atrás su origen geográfico e histórico, invalidando así su verdadero valor. De hecho, el transcurrir de las edades ya venía rebajando su valor, este venía perdiendo utilidad aunque se mantuviera en su contexto, y ahora sufrimos lo peor, porque ha sido endiosado al crear el método científico, el cual es considerado como el padre de todo conocimiento científico y, por lo tanto, el motor del desarrollo de todas las ciencias antiguas y modernas, las cuales persiguen, en nuestros días, a toda velocidad el ideal de perfección que, de manera natural, aspira todo ser humano, una paradoja increíble: "el avance, desarrollo y aplicación de las ciencias, devolverá al planeta al mismísimo momento del *big bang*".

El conocimiento científico ahora nace en los laboratorios, y luego se lleva al campo de la aplicación como una verdad operativa y funcional. No considera el contexto geográfico ni histórico, y por eso caduca con rapidez. Esta caducidad repentina creó nuevas expectativas económicas en el planeta al hacer que el mundo entero levantara su mirada a un nuevo valor: "la calidad", el cual desencadenó toda clase de revisiones en los valores de todos los grupos humanos que habitan el planeta. Mientras el método científico creaba en los laboratorios nuevas versiones de valores que ofrecían mayores libertades, niveles más elevados de satisfacción individual y social, con los que se pretende establecer un sistema más homogéneo mundialmente, más comprensivo de la realidad individual y humana, garantizando la reducción de las contradicciones y promoviendo la paz, de manera que ya no haya grupos, sino una sola población mundial en donde cada quien puede vivir como quiera y estar en paz.

De modo que, a pesar de que habíamos referido que la construcción personal estaba a cargo de la familia y el estado, el trabajo de la construcción personal está en las manos de los laboratorios virtuales, ya que los recién nacidos, a las pocas horas de su arribo al mundo, quedan conectados a las redes sociales con el fin de empezar a adquirir conocimientos para ir construyéndose según sus propias inclinaciones naturales. El niño conectado a la fábrica del conocimiento, mientras el maestro del aula se convirtió en un payaso desfasado que ni siquiera entretiene a los jóvenes durante las horas de clases, ya que estos anhelan sus dispositivos para conectarse a la fuente del conocimiento fresco que, cada vez más, los incita a vivir más libres y salvajes, rechazando todo lo que les pudiera vincular con los demás, negándolo todo, por la rapidez con que caduca el conocimiento y la necesidad imperiosa de la actualización, siendo este el segundo valor en los tiempos modernos.

La actualización es el pretexto para mantener los niveles de calidad, esto es en todos los aspectos de la vida del ser humano, lo que quiere decir que estos dos neovalores dificultan el trabajo de la construcción personal, porque aún se conserve el norte de establecer la actitud personal responsable, el juego de valores con el cual se forja la personalidad se encuentra en continua evaluación y cambio, hoy más que nunca la inestabilidad impera y ya nadie está seguro de lo que es bueno o es malo.

Considerando al conocimiento adquirido como maestro constructor del espíritu y, a sabiendas de que este, lo que debe forjar es la razón social y la actitud personal responsable principalmente, lo que se debe hacer es seleccionar el mejor conocimiento de lo que se sabe, en primer plano, para construir lo que se espera, y embarcarse en la observación y experimentación de nuevas situaciones, con el fin de descubrir o crear otras ideas que pudieran mejorar la construcción personal, ya que el ser humano persigue un ideal de perfección, y en ese camino no solo él ha evolucionado, sino que también ha hecho evolucionar su contexto geográfico, y con ello a todo el planeta.

Los valores, entonces, en este mundo cambiante, hoy más que ayer, aseguran su preeminencia social por la estabilidad que demuestran tener, por la efectividad con que garantizan la paz y la armonía social, porque aunque muchos quieran negarlo, o crear confusiones al respecto, todavía sobrevivimos algunas personas que conservamos la memoria y mantenemos la fe en que muchos conocimientos que son de valor universal tuvieron, tienen y tendrán preeminencia en todas las etapas históricas de las sociedades humanas. Esta es la razón por la cual nos decidimos a recopilar esos valores, ya que sin ellos no se puede hacer una verdadera construcción personal.

Valores o principios morales

Los valores son ideales de perfección que caracterizan la personalidad. Se les llama "valores" por la eficacia que demuestran tener cuando son obedecidos, al mantener la cohesión de un grupo determinado, rebajando el nivel de contradicciones al mínimo y aumentando la productividad al máximo. Podemos decir, con confianza, que los valores suman, unen, afianzan, edifican a las personas y lo capacitan, no solo para vivir en sociedad, sino también para entender y gobernar la propia persona, porque facilita la integración personal eliminando el desdoblamiento, al mismo tiempo que favorece la construcción de la actitud personal responsable.

Esta es la razón por la que, a la hora de construir una persona el mejor material de construcción que pudiéramos elegir, son *"los valores morales"*. Estos se clasifican en dos grupos: valores de integración personal y valores de integración social.

Los valores de integración social son aquellos que instruyen sobre las reglas que norman el trato social y los de integración personal son aquellos que agencian la subordinación de la inconsciencia a la conciencia humana, de manera que el individuo pueda proyectarse unilateralmente pese a su dualidad.

Los valores de integración social son los primeros que deben aprenderse, dada la imperiosa necesidad de participar en el grupo por la invalidez con la que nacemos los seres humanos, pero, casi simultáneamente, deben irse forjando los de la integración de la propia persona, porque exigen mucha práctica, ensayos continuos y obligada observación, ya que son difíciles de enseñar.

Valores de integración social

Tres paquetes de valores constituyen el fuerte de la construcción personal que son: la disciplina, la educación y la autoestimación. El primero, la disciplina contiene toda la formalidad del protocolo para el trato social ideal establecida por el grupo; el segundo, la educación se refiere a la revisión, adaptación y mantenimiento continuo del conocimiento que soporta la razón social, la cual determina la actitud correcta frente a las realidades cotidianas. Estos son los valores de integración social porque introducen al individuo en la participación social a través del conocimiento y aplicación de sus reglas y normas; y el tercero, la autoestimación es una lista extensa de valores que por su delicadeza y complejidad le hemos dedicado un capítulo entero. A continuación, haremos una breve descripción sobre los valores contenidos en estos paquetes: disciplina y educación.

La disciplina:

Todo lo que implica orden es disciplina por eso estos valores se clasifican en tres niveles:

A) La obediencia

B) La cortesía

C) La organización lógico espacial

La disciplina se refiere a la forma metódica o normativa que se debe observar en la realización de cualquier actividad, sea social o individual. Estos principios forjan la actitud de hacer las cosas siguiendo el orden establecido, a fin de reducir los márgenes de error, aprovechando el tiempo haciendo una mejor inversión de los recursos materiales, asegurando, así, el éxito en cada meta que nos proponemos.

Si estos principios son bien aprendidos, podemos decir que se asegura una larga vida llena de éxitos. En cambio, si no se aprende a ser disciplinado, el camino de la vida se torna incómodo por la dificultad en alcanzar las metas más simples.

La disciplina es imperativa, protocolar e instructiva. Ella adiestra a los individuos sobre cuál es la forma correcta de hacer las cosas, según la razón cultural del grupo al cual se pertenece. Por lo tanto, ella impone los pasos o las acciones a efectuar, describe y establece como norma el procedimiento a seguir en casi todas las acciones predeterminadas en el trato social, al mismo tiempo que señala sanciones con niveles de penalidad cuando es violada, como una advertencia sobre la necesidad de mantener el orden.

La disciplina implica un orden establecido basado en la experiencia, consensuado, probado y aceptado por el grupo, dada su eficacia y efectividad en garantizar la armonía, la productividad y la paz en la convivencia grupal.

El primer valor disciplinario que corresponde a este paquete es la *obediencia*, ya que los valores son los cimientos sobre los cuales se comienza a edificar la razón. Ellos deben ser el primer contenido específico del archivo referencial, los patrones que contienen las ideas de lo que es bueno y de lo que es malo. Es decir, la base para evaluar el conocimiento que se va adquiriendo de manera espontánea y para seleccionar el conocimiento adecuado en el proceso formal de educación del hombre para vivir en sociedad. Los valores constituyen el equipo de maestros constructores de la parte psicológica o espiritual de la persona, al mismo tiempo que permiten el ensamble del cuerpo y el espíritu manifestados en la mente y el corazón, para producir una verdadera actitud personal responsable evitando el desdoblamiento o bipolaridad de la personalidad. Pero para aprender esto en la inconsciencia, no se puede apelar a la fe, sino solo a la obediencia.

Al iniciar su vida, el ser humano trae un patrón de conducta basado en el conocimiento natural, el cual se refiere, exclusivamente, a la supervivencia individual, pero todos sabemos que el ser humano sobrevive mejor en el grupo. Esta es la mayor contradicción, nacemos individualistas y la supervivencia es socialista, reconocemos nuestra individualidad, pero no nos podemos dar el lujo de desarrollarla. De hecho, cuando un miembro del grupo se desvincula de la sociedad donde vive, al desechar los principios que la organizan y mantienen funcionando, exhibiendo un comportamiento en extremo individual, la misma sociedad lo elimina. Quiere decir que el grupo es necesario para sobrevivir. Pero para pertenecer al grupo hay que conocer, aceptar y actuar teniendo en cuenta sus valores.

Entendiendo que el conocimiento natural no se puede borrar y que la identidad individual es intransferible, solo nos queda la posibilidad de modificarlo y ajustarlo, para lograr la vinculación social del individuo según la geografía y la gestión cultural, mediante el proceso al que llamamos educación.

Pero vivir en sociedad demanda cierto sacrificio, el cual insinúa cierto dolor que nadie quiere sufrir. Por eso, si el individuo se hace consciente del dolor que va a sufrir al experimentar cualquier fuerza que se le aplique, se resistirá. Por tal motivo se hace más fácil y más imperioso enseñar a obedecer cuando la mente aún no alcanza ninguna conciencia, de manera que el dolor del aprendizaje del valor de la obediencia, quede en la inconsciencia conjuntamente con el significado operativo del valor descrito y entendido. Es decir, sea depositado en la memoria del conocimiento natural, de donde nadie lo podrá borrar, creando con este valor un primer vínculo de importancia entre la mente racional y la mente irracional.

Sometida, pues, la mente irracional a la obediencia de la mente racional, es el tiempo de iniciar el vaciado de los cimientos para construir en ese nuevo ingreso social el archivo referencial: el paquete de ideas de lo que es bueno y de lo que es malo, con todas las reglas y sanciones que ellas implican.

De manera que para depositar los valores en la mente racional, la cual, al haber sido creada por el conocimiento natural, inicialmente está viciada por su contenido, ya que todos los dispositivos físicos, destinados para el funcionamiento de la mente racional, como son el sistema nervioso y todos los sentidos o sensores, están hechos de tejidos y estos, a su vez, de células, las cuales contienen en sus núcleos ADN, el cual hemos señalado ya, y reconocido como el conocimiento natural que se constituye en maestro constructor de la parte física de la persona.

La puerta de acceso al conocimiento natural es la mente racional, por eso hay que trascenderla antes que ella tome consciencia y se convierta en la protectora del conocimiento natural, y no permita o dificulte su modificación y ajuste, tratando de evitar el dolor que le pudiera causar el sufrir dicha transformación.

El tiempo del inicio de la toma de conciencia es muy corto y, aunque quisiéramos modificar muchos aspectos en el patrón natural, no es posible, por tanto, la mejor opción es enseñar el valor de la obediencia con el fin de convertirlo en una retranca que mantenga las puertas del aprendizaje abiertas para facilitar las siguientes diligencias de modificación y ajuste del conocimiento natural, y para la integración de nuevos conocimientos a fin de completar el trabajo de socialización.

La cuna es el inicio del aprendizaje sistemático, los padres los primeros maestros. Ellos deberán comenzar el trabajo de modificar al conocimiento natural para que actúe a favor de la socialización y la convivencia en grupo, pero esto indica la aplicación de cierta fuerza que, en algunos casos será fuerza física y en otros, mental. Pero la sociedad de hoy día no tiene bien claro qué es la fuerza ni para qué se necesita, por eso legisla con diligencia para señalar que la fuerza es violencia y prohíbe, así, la violencia en todos los niveles. Sin embargo, la sociedad de hoy exhibe niveles de violencia extremos, la contradicción en la convivencia grupal ha elevado sus picos en la estadística sociológica de los pueblos. La obediencia a las normas sociales genera el beneficio de la integración social, el que nunca obedece nunca se integra y la desintegración amenaza la supervivencia.

Por eso, de toda manera, la obediencia debe ser forjada por los padres, biológicos o no, los cuales deberán asesorarse del mejor método para lograrlo, y así asegurar la nitidez y precisión del proceso de adaptación social. El ser humano, como los animales comunes, debe ser sometido a la obediencia primero, para después poder ser entrenado para la vida en sociedad.

El mayor problema de la sociedad de hoy es que, es muy permisiva en cuanto a dar rienda suelta al deseo que se manifiesta a partir del conocimiento natural, enarbolando la bandera de que todos somos libres de ser quienes naturalmente somos sin tomar en cuenta que la persona es una concepción dual, siendo este el mayor escollo encontrado en la construcción de la persona y en el funcionamiento de la personalidad.

Los padres son los primeros ingenieros que deben sentar las bases que les aseguren que la construcción a la cual se responsabilizan llegará a cumplir con los requisitos que demanda la sociedad donde debe funcionar. Por eso, los primeros que obedecen las normas sociales son los padres, y luego enseñan a sus hijos esa misma obediencia, para insertarlos en el sistema educativo del grupo al que se pertenece, la cual continuará sin contratiempos, forjando al ciudadano que el sistema de gobierno espera. De manera que el Estado es el único responsable de la construcción personal, si se observa que es él quién traza la norma y luego ordena su cumplimiento, para lo cual se vale de varias instituciones, primero la familia, la escuela y la iglesia. Es decir, primero forma al padre, para que el padre forme al hijo en la base de la construcción personal y le da seguimiento en la escuela, donde los maestros obedecen el patrón de formación o construcción personal en lo que se refiere al conocimiento adquirido, con la esperanza que este conocimiento gobierne la voluntad y la dirija hacia el bien común.

Es tan evidente la manipulación del Estado, que es él quien valida la certificación de la terminación de la responsabilidad de los padres sobre la construcción personal al otorgarle al individuo una identidad personal que transfiere la responsabilidad de los padres al propio individuo y lo señala como responsable de deberes y derechos en la convivencia social. De ahí en adelante el individuo deberá continuar el trabajo de construcción de su persona, cosa que nunca termina, porque los humanos perseguimos un ideal de perfección que no es de este mundo y para alcanzarlo es necesario salir de él.

La obediencia es, pues, el más básico e importante de todos los valores, ya que es imprescindible durante toda la construcción personal. La persona humana ya está definida, por eso para construirla hay que seguir un patrón, y "seguir", en este caso, significa obedecer. Valores disciplinarios.

A) *La obediencia:* El logro del aprendizaje de este principio está condicionado por la observación de los elementos que lo determinan: el mandato, el entendimiento y la respuesta positiva. Si esto no se cumple no se puede concluir sobre si se es obediente o no.

El mandato no es más que la petición que se le hace al individuo de que realice o no alguna actividad, utilizando el lenguaje y la forma de expresión que se entiendan apropiados. Sabemos que existen muchos lenguajes y que hay diferentes idiomas, como también diferentes formas de expresión que pueden ser escritas, orales o mímicas. Pero de cualquier manera que se haga el mandato, debe ser fácil de entender por quién lo recibe.

El entendimiento está sujeto, en una parte, a la forma como ha sido emitido el mensaje y, en otra, depende de que los órganos que reciben el mandato, ya sea la vista o el oído, estén funcionando bien. No podemos juzgar a nadie por desobediente si no se está seguro de que el idioma es el correcto y que, además, los órganos receptores están funcionando bien. No es recomendable aplicar castigos por supuesta desobediencia, porque lo que hacemos es aumentar el nivel de rebeldía de la persona, arruinando, así, la enseñanza-aprendizaje de este principio.

La respuesta positiva: si esta fue favorable indica que el mensaje fue bien emitido y percibido por el individuo, estableciendo, así, una buena comunicación para facilitar la instrucción disciplinaria.

Irónicamente, al mismo tiempo que se impone la obediencia se debe ser cortés para suavizar el trato social entre los forjadores de la obediencia y los menores que están siendo forjados de manera que resulte sin violencia y menos traumático el proceso de enseñanza y aprendizaje de este primer valor. Por eso a continuación nos referimos a los valores que encierran los principios sobre la cortesía.

B) *La cortesía:* corresponde al protocolo de interrelación personal. Se trata, básicamente, del enfrentamiento en la relación social de dos o más personas. Este valor representa la parte objetiva de la conducta que demuestra claramente cuál es nuestro entrenamiento con respecto a la relación interpersonal.

La cortesía es una regla establecida por la costumbre o por decreto, indica la formalidad que demanda el trato social. Esta también puede ser considerada como una norma, porque marca los límites del campo de acción que exige el trato social. La cortesía envuelve otros valores como son la hospitalidad, la amabilidad, la sociabilidad, el respeto, la discreción y la prudencia. La hospitalidad, la amabilidad y la sociabilidad describen la formalidad del trato cuando invitamos a alguien a nuestro espacio.

De forma breve, podemos explicar que la hospitalidad es la manera como una persona recibe a otro en su espacio, esperando que se sienta cómodo, bien atendido y que se pueda establecer su presencia en el lugar por el tiempo necesario, hasta cumplir con el objetivo de su visita.

La amabilidad se refiere a que el invitado se sienta tratado a su gusto, no al gusto del anfitrión, no se trata de que el anfitrión muestre sus posibilidades, aunque al otro no le guste. No es: "si quiere lo coge o si no lo deja", sencillamente el invitado debe sentirse bien a su manera.

Y la sociabilidad indica el grado de relación en sociedad. Es siempre agradable poder compartir temas interesantes para el invitado. Si invita a una persona a su espacio debe tratar de conocerla un poco, para así poder tratar temas que le interesen a no ser que exista una agenda previa.

Por otro lado, el respeto, la prudencia y la discreción se concentran en nosotros mismos para darle formalidad a la personalidad en lo que se refiere a la relación social.

El respeto es la actitud de no alterar o tocar la propiedad ajena, la cual se calcula tomando en cuenta el espacio de lugar y de tiempo en donde se desenvuelve la vida del individuo, así como su opinión personal al respecto de la realidad en que vive. Este está basado en la concepción de que todos tenemos derechos, los cuales nos otorgan un espacio prudente entre una persona y otra, para accionar en la vida según lo que creamos. Es decir, el respeto es la actitud de dejar las cosas u opiniones de los demás como estén, considerando así la propiedad privada como buena y válida en forma, tamaño, color, sabor, textura, olores, temperatura y el volumen de espacio y de tiempo, en tanto no nos afecten.

La prudencia es un valor que nos lleva a la reflexión, ser prudente es siempre pensar en las consecuencias de nuestros actos antes de cometerlos. Primero se piensa, luego se actúa.

La discreción se refiere, básicamente, a la forma más evidente de dominar nuestros impulsos con la finalidad de darle oportunidad al juicio de examinar la realidad inmediata para dar la mejor respuesta frente a los estímulos que nos provocan. Ser discretos es poder ejercer la voluntad para dar una respuesta que favorezca la relación social frente a las situaciones más difíciles.

Antes de cerrar el tema sobre la cortesía, debemos mencionar dos principios que nos ayudan a refinarnos en el trato social como son la disposición y la cooperación. La primera explica que se trata de estar disponible para servir o ayudar a otros, por lo tanto, es ponerse al servicio de los demás aunque no se lo soliciten, y la segunda habla de que la cooperación es sumarse en ayuda para mejorar la operación o actividad que otro realiza sin esperar ningún beneficio.

C) *La organización lógico espacial* es la capacidad de comprender la correspondencia que existe entre los elementos que determinan una realidad, de manera que podamos establecer que a cada elemento le corresponde un lugar y un tiempo en la dinámica espacial. Cada respuesta del ser humano frente a su realidad tiene estos aspectos que la caracterizan, cuyo valor real es expresado en la precisión de la coincidencia entre las coordenadas geográficas y el tiempo, describiendo así un valor llamado puntualidad.

La organización debe suponer un esquema dinámico y funcional que incluya, no solo los espacios de tiempo y de lugar, sino también las condiciones climatológicas, dando libertad a la imaginación para sincronizarlos según la necesidad exigida por la situación existente, logrando una verdadera puntualidad en la ocurrencia de los hechos.

Antes solo calculamos el espacio físico que ofrece la superficie terrestre pero dado el avance de las ciencias y la tecnología hoy podemos contar con espacios extra planetarios donde se realizan actividades humanas.

Por otro lado el tiempo tiene dos aspectos a considerar como son el astronómico y el atmosférico. El tiempo astronómico es la secuencia temporal expresada. en segundos, minutos, horas, días, semanas meses y años que resultan de los movimientos de la Tierra sobre sí misma y alrededor del Sol; y el tiempo atmosférico que explica las condiciones climáticas determinadas por las coordenadas geográficas.

Si de manera previa pudiéramos determinar el espacio físico y de tiempo ideales para realizar cualquier actividad, además de considerar la ubicación geográfica, es posible que la realizáramos con menor dificultad, sin pérdida de tiempo y sin desperdiciar espacios que se pudieran utilizar para otro fin. Por eso la mejor forma de administrar esos aspectos es creando nuestra agenda, que es el instrumento ideal para lograr una mejor organización de la realización de todas nuestras actividades. Aunque paradójicamente las agendas tienen una debilidad; para que funcionen o para que podamos apreciar su valor hay que obedecerlas.

Debemos señalar aquí que la organización, en sí, es una asociación de valores que suma el valor del espacio en el tiempo, y le añade una plusvalía cuando se consideran las condiciones del clima mejorando el porcentaje de la funcionalidad de la puntualidad.

En la organización, la puntualidad es lo básico, porque la coincidencia que logra hace funcionar ideas, relaciones, hogares, escuelas, iglesias, negocios, empresas, sistemas, gobiernos, estados, es decir, hace funcionar al mundo entero dando testimonio en la productividad y cosecha de todo lo que se quiere lograr. En cambio, cuando esta no se puede lograr, se paga un precio muy alto; se mal usa el tiempo, se estropean las actividades y no se aprovechan los espacios. Al final se cosecha poco o no hay producción, se perdió el tiempo y solo nos queda la triste experiencia.

En todos estos principios, al ser abordados, es imposible excluir la palabra "orden" porque La obediencia es "orden impuesto; la cortesía es "orden protocolar"; y la organización lógico espacial es "orden crítico". De manera que la disciplina es imprescindible y por lo tanto imperativa para todas las organizaciones grupales.

La educación:

Los valores sobre la educación. A medida que aumenta el conocimiento científico y avanza la teorización y aplicación técnica, se han creado una serie de valores que resultan, de manera natural, de los nuevos esquemas sociales que se generan y se agilizan aceleradamente con respecto a otras etapas que ha vivido la humanidad. Creemos que hay nuevos valores implícitos en la renovación cultural, por la redefinición de todo lo que existe, gracias a la óptica ampliada que ofrece la tecnología para la investigación científica. Y no tan solo ha sido redefinido el mundo, sino también la conceptualización que exige la ubicación geográfica ha sido especificada con mayor precisión, de manera que el criterio personal ahora puede ser manifestado con mayor objetividad. Lo subjetivo y el producto de la imaginación antes eran misterios sin resolver, ahora lo subjetivo está sujeto a la imaginación, y esta fue sometida al método científico para determinar su grado de posible realidad o ficción.

La finalidad de estos valores es que el individuo pueda mantener un comportamiento que entre en armonía con las costumbres actuales, consciente de la evolución, a sabiendas de que, a medida que la ciencia y la tecnología avanzan, surgirán nuevos patrones de conducta mientras que otros van caducando. Por esta razón incluimos en este bloque los siguientes valores o principios:

A) educación continua
B) actualización social
C) la comunicación
D) supervivencia evolutiva
E) conceptualización lógica
F) la calidad

A) *Educación continua.* Este principio se refiere a que el desarrollo y avance de la ciencia y la tecnología viaja a grandes velocidades, por lo que se hace necesario estudiar continuamente, estando atentos a los nuevos descubrimientos científicos, ya que en la mayoría de los casos estos representan mejoras al conocimiento que ya se tiene y la obsolescencia sobre ellos se torna en un plazo tan breve, casi como el de la noche a la mañana. Por otro lado, la revolución industrial va dando pasos agigantados en la creación de facilidades, con el fin de multiplicar las capacidades humanas, por lo que muchas empresas están aplicando estos recursos para reducir la mano de obra y aumentar sus beneficios.

B) *Actualización social.* Al parecer esta es la última etapa que vivirá la humanidad, ya que ella ha instalado un código que la hace nueva cada día y es *"actualización"*. Astronómicamente hablando, la Tierra gira alrededor del Sol y eso es muy importante para nosotros. Pero hoy día, científicamente hablando, nuestro planeta gira alrededor de la *actualización*. Aunque parece sencillo, no lo es, porque para poder lograrlo la ciencia ha creado las redes sociales para vincularnos a todos y para facilitar la información, habiendo declarado al conocimiento como patrimonio de la humanidad por haber reconocido que nadie crea ningún conocimiento, solo lo descubre. La actualización social exige estar vinculado a las redes en cuanto a lo personal y privado, lo social, lo económico y lo profesional.

C) *La comunicación*. El principio de la comunicación ha sido uno al que se le ha dado la mayor importancia en los últimos días. Se han invertido muchísimos recursos económicos en la comunicación en las últimas décadas, lo que ha hecho viajar al conocimiento a los lugares más remotos del planeta, generando así la ampliación de la operación del bienestar social para muchos que no tenían la más mínima esperanza de alcanzar algunas migajas de la gran torta reservada para las minorías. Pero a pesar de ser la comunicación un derecho de todos, no todos contábamos con los medios adecuados para ejercerlo. Hoy llevamos rumbo norte, aunque no debemos olvidar que muchos están comunicando conocimientos a conveniencia, con la intención de lograr una manipulación masiva del ánimo humano con la expresa intención de lograr la globalización y, así, crear facilidades para ampliar su zona de comercialización. Sin embargo, cada región tiene su verdad construida de acuerdo a su contexto geográfico e histórico. Lo que es verdad en una región, no es verdad en otra. Por esta razón, aun habiendo logrado la comunicación global, es prácticamente imposible globalizar la cultura.

D) *La supervivencia evolutiva.* La condición de la supervivencia en medio de la evolución nos da el continuo esfuerzo que hacemos para estar al tanto de los nuevos patrones de conducta que acarrea el avance de la tecnología.

E) *Conceptualización lógica.* Esta nos ayuda a interpretar los paisajes psicológicos en que vivimos día a día, a fin de predecir posibles consecuencias y actuar en pos de mejorarlas o modificarlas de acuerdo a nuestras necesidades y expectativas.

F) *La calidad.* Es la virtud de hacer las cosas bien, atendiendo a todos los pormenores que pudieran hacernos fracasar para obviarlos, observando y practicando todos aquellos que nos puedan hacer lucir como los dueños del más alto éxito en el ejercicio de la vida.

2

La autoestimación

A continuación ofrecemos otro conjunto de principios morales que hemos llamado valores de la autoestimación, de manera que ellos no solo construyen a la persona en su presentación individual, sino que también le ofrecen un espejo para verificar si fueron bien aprendidos, bien aplicados mediante la evaluación de la actuación y aprobados por sí mismo como primer actor, y por los que observan y comparten la misma realidad. De manera que podamos manejar los niveles de calificación en la autoestimación y cobremos mayor seguridad en la actuación personal.

¿Qué es la *autoestimación*?

El aprendizaje en la construcción *personal* se refiere a la comprensión de los principios que norman la interacción social de todos los miembros que forman un grupo.

El paquete de información que debe aprenderse, es lo que representa y da significado a nuestro archivo referencial, en cuanto a la construcción y funcionamiento de la personalidad, el cual contiene los patrones de las ideas malas y buenas que constituyen la razón social, que es la base sobre la cual se crea el criterio personal.

Nuestra intención en este caso ha sido recuperar todas las reglas de la moral que representan el patrón de lo que está bien o mal hecho. Guía ideal para forjar la actitud personal responsable desde el punto de vista individual, con la aprobación colectiva. Es decir que, en este capítulo, ofrecemos el patrón que todos debemos usar para evaluar nuestras acciones y la de los demás de manera igualitaria, determinando los niveles en la estimación personal. Además, describimos el proceso que sigue la labor de autoestimarnos para establecer, con seguridad, la calificación o porcentaje resultante: La autoestima alta que genera un sentir de aprobación y satisfacción, o autoestima baja que genera otro sentir de rechazo y angustia, a fin de tomar la decisión correcta para corregirnos y avanzar o crecer personalmente.

Este tabloide, encabezado con el nombre de *"Principios morales de la autoestima"*, es una lista de principios normativos que pueden orientar nuestra actuación con relación al amor, la salud y la integridad. Además, hacemos el planteamiento de otros aspectos que, creemos, pueden servir de apoyo en la comprensión de los mismos, ya que su utilidad depende del entendimiento que puedan lograr sobre el tema.

Tome su decisión y aprenda las reglas para mejorar su actuación frente a todas sus situaciones. Siéntase seguro de usted mismo. Eleve su nivel de satisfacción interna y ya no permita más que le roben la paz. Aunque parezca difícil, esto cambiará su proyección personal mejorando sus relaciones interpersonales. Ningún individuo debe intentar sobrevivir en sociedad sin valorar primero quién es él y cómo debe comportarse frente al grupo si pretende tener una buena actuación y, de paso, que lo traten bien.

Aunque la mayoría de las personas usan el término autoestima como un sustantivo que nombra un estado de ánimo personal y perenne, el cual parece estático y encasillador, en realidad, el primer término "auto" representa un movimiento semicircular, que indica que sale de la persona y vuelve a ella de manera constante y, en la mayoría de los casos, sin proponérselo conscientemente. Además, en este ir y venir, puede llevar y traer sentimientos diferentes, representados en los estados de ánimo, los cuales son expresados en forma de conducta. Esta actitud es una constante en el trato social, es una de las fórmulas de acción social más claramente establecida. Sin embargo, en su desarrollo, casi en la mayoría de los casos, el resultado es ambiguo y confuso. La segunda palabra es "estima", que significa una apreciación, verificación u observación con intención de emitir un juicio de aprobación o rechazo.

Si ensamblamos la palabra nuevamente, autoestima significa, entonces, una apreciación, verificación u observación que hace la persona sobre su propia actuación o conducta con la finalidad de determinar si es aprobada o rechazada.

¿Rechazada o aprobada por quién o quiénes? ¿Por nosotros mismos? ¿Por él, la o los demás? Aunque no queramos admitirlo, y aunque la autoestimación la hace usted para usted mismo, su fin es determinar si será aprobado o rechazado por los demás, porque de esto depende su integración y funcionamiento en el grupo.

Es, pues, la autoestimación un proceso de autoevaluación que se da durante la interacción social, por lo que, de manera inevitable, involucra a los demás miembros del grupo al cual pertenecemos. Este se realiza con la finalidad de determinar el nivel de satisfacción interna, cuyo resultado es el sentimiento de aprobación o rechazo que conocemos con el nombre de la autoestima, el cual debe orientarnos en la búsqueda de métodos que nos ayuden a subir este nivel, ya que de él depende, en gran parte, la paz interior. El proceso se efectúa, en cada uno de nosotros, automática y naturalmente, generando un sentimiento retrospectivo, que en un momento puede ser positivo y en otro negativo. Pero la mayoría de los individuos solo conocen los resultados de este sistema de valoración, los cuales están cifrados en sentimientos que pueden ser de bienestar y satisfacción o de angustia y frustración.

Lo incómodo de este proceso es que parece un asunto personal individual por su resultado sentimental, ya que nadie puede acceder al estado de ánimo ajeno. Podemos imaginar cómo se siente el otro, pero nunca lo sabremos con certeza, aunque tengamos que admitir, con tristeza, que las opiniones de los demás generan sentimientos en nosotros que logran determinar nuestro estado de ánimo.

De manera que se hace de vital importancia reconocer cómo se realiza el proceso de autoestimarnos, con la intención, primero, de determinar con claridad quiénes son los que participan, segundo, cuáles son las bases de la autoevaluación y, por último, cómo podemos cambiar los resultados de negativos a positivos, logrando elevar nuestro nivel de satisfacción interna, a ver si alcanzamos un poco de paz interior.

Proceso de la autovaloración o autoestimación

Para alcanzar una mayor comprensión y valoración de los resultados de este proceso de autovaloración o autoestimación, es necesario que calculemos por separado la dinámica de la realización de este fenómeno social en sí y las características o posiciones de los participantes.

Este proceso se asemeja a un concurso o prueba de talentos donde concurren las personas interesadas, las cuales pasan por un proceso de entrenamiento, informándose sobre técnicas de realización, ensayando con frecuencia repetitiva a fin de desarrollar habilidades que puedan certificar, de la manera más objetiva, que se tiene dicho talento, mediante la exhibición, a propósito, frente a un grupo de personas que hacen las veces de jueces.

La tarea de los jueces es valorar, mediante la observación, la actuación de los exponentes. Generalmente, estas personas están bien informadas sobre las cualidades naturales que debe exhibir un determinado talento representado por cualquier individuo. Esto es, además de que deben tener bien claras las bases de dicho concurso, para ejercer su evaluación. Lo cierto es que, tanto los participantes como los jueces, deben conocer bien las bases del concurso, porque este conocimiento es lo que va a reducir el nivel de errores en el enfrentamiento de los dos grupos, disipará considerablemente la contradicción, facilitará la comprensión, hallándose la armonía y mejorando, definitivamente, las relaciones interpersonales, dando como último resultado el crecimiento personal individual y social. Las bases del concurso deben ser las mismas para todos los participantes y para cada uno de los jueces, porque al final, tanto el que participa como el que juzga la participación, serán evaluados por el mismo patrón.

Por tal razón, decimos que el que se proyecta como el que observa son, de igual modo, protagonistas en el desenvolvimiento social de su grupo, ya que lo que se evalúan son las acciones y, tanto el proyectarse como el observar son acciones, y la actuación del individuo nunca regresará a él sin la carga negativa o positiva de la aprobación o rechazo de los demás.

De igual modo, en el proceso de autoestimación participarán dos posiciones: primera y segunda, los cuales, en su enfrentamiento social, se proyectan uno en pos del otro, con la deliberada intención de recibir la aprobación. Estas posiciones son intercambiables, ya que el que actúa es el primer actor y el que observa, el segundo. Pero cuando este último, va a dar su opinión con respecto a lo que ha observado, intercambia su posición, dejándole el segundo lugar al primero, que en este caso se convierte en el observador.

Para que el proceso de autoestimación se dé, es necesario e imprescindible que existan estos dos puntos de vista, por esta razón, a las personas que lo representan le llamaremos: primero y segundo protagonistas.

El primer protagonista está representado, por la persona que se prepara para proyectar su conducta con el fin de ser aprobado, porque de esto depende su rol en el grupo que se desempeña; el segundo protagonista lo representa él o los observadores, quienes darán la respuesta de aprobación o rechazo frente a la actuación del observado, basados en los códigos de la moral que rigen al grupo.

Es por esto que, si queremos comenzar bien el proceso de autoevaluarnos o autoestimarnos, deberemos entender que la primera regla es el poder apreciar cómo se da dicho proceso, para que los protagonistas asuman su posición y comiencen a determinar su responsabilidad en el mismo.

Ahora bien, la dinámica de la realización del proceso, se da en cinco pasos, en los cuales queda involucrada la actuación de los protagonistas. A continuación lo detallamos.

Los pasos del proceso de autoestimación

1. Idea básica

2. Razonamiento para la generación del primer sentimiento
3. Determinación de la actuación
4. Respuesta de rebote sobre la actitud inicial generada
5. Generación del sentimiento determinativo del nivel de autoestima

Detalle

1. *Idea básica.* Toda acción debe estar, lógicamente, patrocinada por una idea. Esta constituye el motivo básico de la actuación individual. Aunque muchas personas dan testimonio de que han realizado alguna acción y luego admiten no saber por qué lo hicieron, como si lo hubieran hecho sin tener una idea básica.

Desde aquí, podemos evidenciar que hay acciones que se realizan a partir del conocimiento que maneja la memoria, la cual es parte de la mente, y otras acciones que, aparentemente, se realizan sin tener una base cognoscitiva.

Ciertamente, todas las acciones están apoyadas en una idea, lo que quiere decir que el soporte de las acciones tiene dos orígenes: una se origina en la mente y la otra está basada en la información que patrocina al impulso natural físico que llamamos instinto, la cual se encuentra atrapada en la memoria genética de los núcleos celulares, de donde la mente no la puede recuperar.

Ideas que maneja la mente: todo lo que percibimos a través de nuestros sentidos, como son los colores, las formas, los tamaños, los olores, sonidos, temperaturas, etc., todo lo que nos rodea es el conocimiento que llevamos a nuestra mente, el cual sirve de apoyo para dar razón lógica a nuestra actitud. Es decir, la percepción sensorial es la que nos permite capturar el conocimiento, llevarlo a la mente, razonarlo y, luego, actuar en base a lo que hemos entendido.

Cuando hacemos este proceso de razonar lo que percibimos, es cuando hacemos conciencia de las realidades que observamos. Una realidad observada por cualquiera de nuestros sentidos es llevada a la mente en forma de idea, y almacenada con la finalidad de analizarla, archivarla y darle respuesta inmediata o mediatamente. Es decir, que estas ideas son racionales, porque son producto del razonamiento, el cual deja como resultado la creación de la conciencia. Por esta razón, las ideas que maneja la mente, le llamamos *"ideas conscientes"*.

Las ideas instintivas: se originan en el programa existencial entregado en dos mitades (el óvulo y el espermatozoide), cuyo funcionamiento depende de la posibilidad de su unión. Cuando se unen completan el mapa genético y la unidad comienza a funcionar, es decir, se inicia la vida.

Todo el conocimiento sobre la creación de la unidad (individuo), se refiere a la proyección futurista de la arquitectura orgánica, su desarrollo, crecimiento y funcionalidad desde la fusión de los gametos (óvulo y espermatozoide), que genera la vida, hasta la muerte.

Pero esta gran cantidad de conocimiento empezó a funcionar cuando aún la mente era un contenido potencial del mapa genético. Toda la estructura orgánica basada en este conocimiento inició su desarrollo a partir de la carga informática de los genes contenidos en los cromosomas, los cuales se iban clonando de célula en célula de manera automática, sin la intervención de la mente. Es decir, que esta información o conocimiento, se almacenó en cada célula clonada a partir de la célula madre que originó la fusión de los gametos y nunca llegó a la mente, ya que era una vasta información para poder ser razonada por una mente recién nacida.

La mente es la que se encarga de los procesos de razonamiento, de tal manera que entendemos por razonable todo lo que ella haya procesado. Por el contrario, todo aquel conocimiento que se utilice en nuestro cuerpo con algún fin, a espaldas del razonamiento, es decir, un conocimiento que esté ejerciendo influencias en nuestra actuación de manera ciega porque no hemos podido crear conciencia de él por no haber alcanzado los procesos de razonamiento de la mente, tenemos que calcularlo, definitivamente, como irracional.

Es por esto, que las ideas que se basan en el contenido de mapa genético son irracionales, que determinan acciones a ciegas promovidas por el síndrome que dirige la vida animal que todos llamamos instinto, y que, naturalmente, se manejan fuera de la autonomía de la mente o de la conciencia, por eso le llaman inconscientes, ya que no se puede hacer conciencia de ellas. No es que actuamos sin tener idea, la idea está ahí, solo que no somos capaces de interpretarlas ni comprobarlas.

Lo más importante que queremos señalar en este punto es la necesidad de que la idea básica que apoya la acción inicial para la autoestimación exige poder ser comprobada. Esta condición deja fuera de este contexto a todas las ideas inconscientes, sobre las cuales no se cuenta con un verdadero dominio.

Por eso recomendamos actuar con delicadeza con respecto a la información que da cuerpo a la idea base, ya que hoy día el abanico de comunicación planetaria se ha abierto de tal manera, que llueven informaciones de todas partes, las cuales no pueden ser certificadas con facilidad, porque no corresponden a nuestra realidad, creando un desbalance de las fórmulas de razonamiento lógico social que deben estar establecidas y funcionando en el grupo que se participa.

2. *Razonamiento para la generación del primer sentimiento*: el proceso de razonamiento solo se puede dar a partir de la colecta de la información o configuración de la idea básica y con orientación de su archivo referencial. La percepción sensorial es lo que da autenticidad a las realidades objetivas de donde nacen las ideas sobre las cuales deberemos realizar nuestro juicio, con la intención de alcanzar la máxima comprensión sobre las mismas, que nos ayude a generar un sentimiento sano que oriente nuestra actuación.

Por suerte, el entendimiento de las realidades subjetivas tiene apoyo en las fórmulas de razonamiento lógico social. Además de que, en la mayoría de los casos, están representadas por conductas predeterminadas que apoyan el proceso logístico en el desenvolvimiento de los individuos en su interacción con el medio y representan, finalmente, el archivo referencial comparativo que sirve de patrón para todas las realidades observables.

Lo que significa que los patrones de la óptica a través de los cuales se observan los fenómenos sociales, deben ser los mismos para todos los miembros de un grupo, los cuales son frutos de la educación, cuyo *trabajo es mantener el estándar de la interpretación de las fórmulas de operación social, logrando la comprensión y esquivando la problemática que se genera cuando no se pueden ajustar dichos estándares. Es decir, el razonamiento para la generación del sentimiento depende, básicamente, de la educación apoyada por la cultura, porque esta es la que crea el archivo referencial que contiene los patrones para el razonamiento de todas las realidades observables objetivas y subjetivas, garantizando un resultado casi uniforme que ayude a reducir la contradicción en el enfrentamiento social de los miembros del grupo.*

Entendemos que el razonamiento es un proceso de análisis crítico comparativo que debe llevarnos hacia la comprensión. Todos los procesos evolutivos mentales elevan, de manera natural, el nivel de energía para lograr su actividad, pero para alcanzar la comprensión es necesario elevar ese nivel energético un poco más de lo normal, porque el estado comprensivo de la mente se asemeja al encendido de una luz interior. Esta luz es la que muestra ante nosotros la verdad del proceso logístico del pensamiento. Nuestra cabeza encendida como una bombilla, energizada al máximo, por haber alcanzado la comprensión sobre la idea que razonamos. Esta energía que resulta de la comprensión del conocimiento es lo que podemos llamar sentir o sentimiento, la cual tiene la capacidad de traducir el conocimiento de lo abstracto a lo puramente físico, ya que esta energía funciona como un estímulo que incita a la multiplicación celular.

Entonces este sentir o sentimiento estimula a las glándulas del cerebro para que produzca hormonas, las cuales serán vertidas al torrente sanguíneo alterando el metabolismo y produciendo un movimiento a nivel de la sangre que describe el estado físico del sentimiento, el cual puede ser traducido como emoción. Es decir, la emoción es la motorización primaria del sentimiento, porque la alteración del metabolismo produce un reflujo de sangre que se puede considerar como el encendido de un motor que va a producir el movimiento corporal que llamamos acción.

Describimos, entonces, el proceso de esta manera: la idea—el razonamiento—la comprensión—el sentimiento—la emoción (deseo consciente)—la acción. Finalmente, para la generación del primer sentimiento tenemos que, obligatoriamente, tener una idea clara, razonarla hasta comprenderla, para lo cual necesitamos los patrones de razonamiento del grupo en que vivimos y, a partir de ahí, es que podemos generar un sentimiento adecuado.

3. *Determinación de la actuación: la actuación como respuesta básica frente a la expectación de la realidad del entorno en donde cada día se desenvuelve nuestra vida, puede ser considerada como una unidad de comunicación cuyo vector secuencial indica tres niveles:*
   a) *Observación de la idea o conocimiento*
   b) *Producción y traducción sentimental*
   c) *Manifestación de la acción*

Es difícil determinar la actuación en base a un sentimiento ambiguo producto de la desorientación. La pregunta maestra: ¿qué hacer o cómo decir? ¡Si el conocimiento razonado no corresponde a nuestra realidad o entorno, la comprensión del mismo generará un sentimiento que no corresponderá a la realidad donde se está produciendo y, de igual manera, se traducirá en una emoción falsa que creará un deseo confuso, que al evidenciarse frente a los demás, lógicamente será *rechazado*! En esta etapa no habrá mucho qué decir, ya que después que se genera el sentimiento, la acción se da, aparentemente, espontánea y automática, porque en este nivel se tiene la comprensión sobre la información, y esta desata la acción sin miedo a la equivocación, con la convicción de que hallará una respuesta de aprobación aunque no sea así.

4. *Respuesta de rebote sobre la actitud inicial generada:* esta acción depende básicamente del observador, quien percibe la conducta inicial que ha sido, a propósito, proyectada sobre él y que lo hace generar un sentimiento positivo o negativo que se traduce en aprobación o rechazo de lo que observa y que, inevitablemente, proyecta, como un espejo, hacia la persona que es observada. El juicio de valoración del observador debe estar fundamentado en la realidad que observa, que debe ser la misma en la que ocurre el fenómeno social de la actuación del observado.

Desde aquí empezamos a intuir una situación problemática, porque en muchas ocasiones el que actúa lo hace en base a comprensiones muy subjetivas o ficticias, o el que observa valora o formula sus juicios en base a lo imaginario, o a algún ideal individual. Ambos, aparentemente, están incluidos en la misma realidad, pero objetivamente los dos viven en mundos virtuales diferentes, lo que ocasiona que haya un rechazo recíproco.

Para que pueda haber una verdadera valoración, ambos protagonistas tienen que sujetarse a la observación de las mismas realidades, tanto objetivas como subjetivas, lo que implica que los modelos de razonamiento de las realidades deben ser los mismos.

En este punto la educación es la que se encarga de forjar los modelos de razonamiento en cada individuo de acuerdo al grupo que le ha tocado vivir, sin embargo, la educación no puede evitar que los individuos migren de un grupo a otro, ni física ni virtualmente, ni tampoco puede lograr, de manera efectiva, que al producirse la migración los individuos también adapten su razonamiento a la realidad que enfrenten, por lo que el proceso de autoestimación se ha tornado ambiguo y confuso en la mayoría de los casos.

Si la lógica social estuviera bien establecida; si la escuela se esforzara para que en la transmisión de los patrones de una generación a otra no sufrieran degeneraciones significativas, y si no fuéramos víctimas de la intervención constante de la transculturación, que trata de universalizar la cultura, no anduviéramos tan desorientados con respecto a cuál es el criterio que se debe tener para valorar todas las realidades que corresponden a nuestro grupo o, mejor dicho, para establecer los patrones de razonamiento sobre nuestra realidad.

Además, la mente humana es promiscua y a cada momento está haciendo evaluaciones del ánimo sobre representaciones imaginarias que corresponden a otra cultura, sobre opiniones absurdas producto de la invención de algún demente, sobre informaciones sin ninguna certificación que proceden de otro lugar del planeta o, incluso, apoyados en imaginaciones extraplanetarias, que en nada ayudan para mejorar la valoración de la autoestima, y que dan como resultado sentimientos falsos, deseos extraños y actuaciones erradas, que devuelven un sentimiento retrospectivo de angustia, que atormenta a los protagonistas de manera ilógica. ¡Vivimos en una guerra de rechazos!

Vale decir que en esta respuesta de rebote se intercambian las posiciones, en el momento que el observador toma la posición del actor, y el actor se convierte en el observador. Esto es constante, una respuesta trae otra respuesta, esta es la dinámica o evolución social. Mientras dure la vida en el planeta se mantendrá la cadena de reacciones, que significa volver a accionar sobre otra acción y desde la creación del mundo hasta el fin del mismo se mantendrá.

5. *Generación del sentimiento determinativo del nivel de autoestima:* la respuesta del o los observadores, el rechazo o la aprobación, es la que genera el sentimiento que va a determinar nuestro nivel de autoestima, es lo que realmente nos hace sentir angustiados o satisfechos.

Pero hay que significar que todo este proceso es válido si la información básica puede ser certificada, si no se empaña la óptica a través de la cual se observan los fenómenos sociales, y si las fórmulas de razonamiento lógico social se mantienen estables. De manera que la información sea veraz, el sentimiento sea correcto, bien proyectado y la aprobación o rechazo estén bien evaluados, según los patrones de la moral que rige el grupo.

Realmente es un planteamiento perfecto, por lo tanto, sabemos que es difícil de lograr, pero algo se puede hacer a partir de este, porque todo el mundo necesita alcanzar la satisfacción de ser aprobado por su grupo, ya que, en todos los casos, salvo alguna excepción, de esto depende la ejecución del rol social que todos tenemos dentro del grupo, en todo el sentido de la palabra.

Entendemos que la base para la realización de una buena autoevaluación no depende, básicamente, del actor o del observador, sino más bien de la educación, que se encarga de forjar los patrones de razonamiento en base a los patrones de la moral exigidos y respetados por el grupo, cuya ambigüedad aumenta a medida que avanza el desarrollo de la tecnología, ya que las sociedades están integrando nuevos valores a la educación de sus miembros que no corresponde a sus realidades.

En cierto modo, la misma tecnología que ha puesto a disposición de la humanidad grandes inventos, para sumarla y crear grandes fuerzas transformadoras, es la misma que empieza a desintegrarla, por su acción socializadora extragrupal y por el virtualismo que ha marcado la rotura de las barreras grupales, intentando globalizar la cultura, violando la estructura del paisaje geográfico.

La globalización de la comunicación ha estado filtrando la educación, al punto de que todos los miembros de un grupo que se educan en territorio geográfico bajo la misma filosofía y orden social, a la hora de observar un fenómeno tienen una visualización diferente, porque esta globalización ha estado disolviendo los patrones culturales específicos de determinados grupos, al punto de crear cierta ambigüedad en los mismos, desnaturalizando el origen de las ideas, de tal forma, que es difícil certificar si son buenas o malas, para evaluar el resto del proceso de autoestimación, trayendo múltiples contradicciones que no ayudan a ajustar los estándares para lograr la comprensión, dando como resultado un atraso que desfavorece la integración social.

Nuestro mayor problema es que no se pueden certificar las ideas confrontándolas con el patrón cultural, porque este se ha diluido con tanta información extranjera, haciéndolo imposible de leer y establecer. Además, el avance de la tecnología en cuanto a la comunicación va tan rápido, que ya las costumbres no se pueden establecer, lo que, definitivamente, ha trastornado este proceso, al punto que cada quién ha tenido que elaborar su propio patrón basado en sus propias y únicas necesidades.

Ante esta situación, el proceso de autoestimación ha quedado de rebote en rebote, como si fuera una pelota de goma, porque cada quién ha inventado su propio código de razón, el cual está sujeto a sus posibilidades de evolución y adaptación a los nuevos tiempos.

Así vivimos todos, aunque no alcancemos nunca a sentirnos satisfechos, aunque nos mate la angustia. Aquí en este juego, lo importante es que el otro no sepa cómo te sientes, para que no goce cuando te agrede, o en agredir a los otros con disimulo. *Es decir, la hipocresía es el plato fuerte.*

Por último, este "sentimiento" es el resultado de la autoestimación, la cual queda, casi en su totalidad, en manos del primer protagonista, quien podrá, deliberadamente, manipular las respuestas de los observadores y obtener la aprobación, si su actuación está basada en los principios morales que su grupo ha determinado establecer como base para la misma.

Lamentablemente, la sociedad ha estado cambiando el fundamento de su educación, que antes era la ley moral de Dios, los diez mandamientos, por la ley del placer que ha otorgado una serie de derechos ofensivos, que dice que todos somos mejores que todos, haciéndonos olvidar el principio más básico: "El prójimo como a ti mismo".

El responsable de la autoestimación

El poder reconocer que el proceso de valoración da como resultado un sentimiento, nos ayuda a establecer la mayor responsabilidad de la operación del mismo sobre los hombros de quien se proyecta, porque el sentimiento tiene un efecto búmeran. Es decir, sale de la persona y vuelve a ella.

Sabemos que los sentimientos son producciones abstractas y que, para proyectarse de manera observables, necesitan una base cognoscitiva y otra motora. En nuestro caso, la base cognoscitiva es la idea básica, que también podemos identificar como razón social, a partir de la cual se genera el sentimiento y este es el que motoriza la acción.

Hasta aquí queda claro que la idea, el sentimiento y la acción crean una unidad de comunicación. Podríamos llamarle "actuación", que por más breve que sea, no deja de tener movimiento, la cual guarda una relación con el proceso de aprendizaje para la creación de nuevas conductas que abarcan las áreas psicopedagógicas como son el aspecto cognoscitivo, afectivo y psicomotor.

La idea es la madre del sentimiento, y la acción la manera de comunicarlo. Por lo tanto, de estos tres elementos, el más importante es el sentimiento. Pero, por estar envuelto entre la lógica de la razón social o idea básica y expresado, objetivamente, por una acción, su interpretación se torna ambigua, ya que, en muchas ocasiones, la acción no guarda relación con la idea básica.

Aun así, estos tres eslabones son inseparables. Lo que quiere decir que podemos establecer, con claridad en este punto, que el primer protagonista cargará con la responsabilidad exclusiva de esta primera parte, el cual deberá cuidar, celosamente, la relación de su acción con la idea que la generó, de manera que exprese con claridad su verdadero sentimiento.

La importancia de la pulcritud en la expresión del sentimiento, es que si se demuestra que el sentimiento es bueno, al proyectarse hacia los observadores, ellos lo devolverán al punto donde se originó con una carga positiva, la cual anunciará la aprobación de los demás. Entonces, esta elevará el nivel de satisfacción interna que, a su vez, es el que nos hace sentir en paz.

Si, por el contrario, el sentimiento se interpreta como malo, de la misma forma devolverá una respuesta negativa, anunciando el rechazo de los observadores, creando angustia, opresión sentimental, reduciendo el nivel de satisfacción interna, el cual termina llenándonos de angustia.

Observamos que la segunda parte del proceso es la respuesta de los observadores, los cuales reaccionan sobre la acción del primer protagonista, reciben la carga emotiva y la reflejan como un espejo. La reacción significa que se ha producido una segunda acción sobre la misma situación, y representa el mensaje o respuesta que trae de vuelta la acción que proyectó el primer protagonista.

Justo en este momento, el observador se convierte en el primer protagonista, cuando evidencia su reacción sobre la acción que le fue proyectada.

Ahora, el individuo interioriza el mensaje enviado por los observadores, expresado en la reacción o respuesta de rebote sobre la actitud inicial generada, llevándolo hasta la mente, donde, de manera lógica, lo esperan las memorias de la idea básica, el razonamiento que generó el sentimiento, el sentimiento mismo y la acción.

Todos reunidos en el gran salón del juicio, en lo más privado de nuestra existencia, se instala el proceso mental a modo de un tribunal, en donde *la acción o demostración objetiva* que representa al sentimiento es la acusada, porque sobre ella recae la reclamación de contestar sobre el porqué de su ocurrencia, o sobre la razón que la produjo. Esta, entonces, necesitará ser defendida por *la idea básica y el razonamiento que generó el primer sentimiento*, los cuales constituyen la barra de abogados.

En este proceso, la idea básica es aclarada por el razonamiento, el cual justifica la producción del sentimiento que motorizó a la acción. En este punto debe quedar bien clara la relación entre la idea, madre del sentimiento proyectado, y la acción que lo comunicó.

Si en su defensa el razonamiento no logra establecer una íntima relación entre estas dos, el sentimiento que se pretendió comunicar queda confuso, por lo que *la reacción o respuesta de rebote* acusará de malo, confuso o ambiguo al sentimiento proyectado, y de manera inevitable lo rechazará, porque esta es la que rechaza o aprueba la acción que fue reflejada sobre el observador.

Pero el asunto no es tan sencillo, aunque recibamos el rechazo, antes de aceptarlo exponemos nuestro caso *ante el fiscal mental*, el cual está representado por nuestro archivo referencial.

Dijimos, anteriormente, que este archivo es producto de la educación, el cual contiene los patrones culturales de donde nacen las ideas buenas y malas, y que debe ser igual para todos los miembros de un determinado grupo. El trabajo de este fiscalizador consiste en permitir la evaluación de la idea básica al compararla con los patrones para determinar si es buena o mala. Este trabajo debe ser fácil de realizar para que la conciencia tome su determinación, la cual será de aprobación si es buena o de rechazo si es mala.

Si la idea que sirve de base para iniciar el proceso es mala, sin duda la acción también lo será, y es de esperarse que la respuesta de rebote sea mala también. Por último, el tribunal de nuestra conciencia lo rechaza produciendo un sentimiento determinativo angustiante, llegando a sentir que te falta el aire, como si te asfixiaras.

Por el contrario, si la idea es buena apoyada por una buena acción, sin duda la respuesta de rebote será de aprobación, y la conciencia te aprobará haciéndote experimentar un estado de satisfacción en donde puedes respirar un poco de paz.

El mayor problema aquí es que, en muchas ocasiones, la idea es buena, pero la acción suele no corresponderle, distorsionando la polaridad del sentimiento que se generó, tornándolo ambiguo e incómodo de interpretar. He oído muchas alocuciones de personas pidiendo disculpa, porque, según ellos, han sido malinterpretados:

—Perdona, ¡no quise decir eso!

—Esa no era la idea.

—No lo malinterpretes.

—¡Eso no fue lo que dije!

Incluso, hay algunas personas que antes de agredirte con su acción te avisan y hasta te piden disculpas:

—Por favor, no quiero que me malinterprete.

—No te vayas a molestar por lo que te voy a decir.

Eso es como ponerle una almohada a una persona para luego darle el tiro, y si usted admite eso, se quedará con su tiro y, de paso, tendrá que aplaudir a la otra persona. En fin, podemos encontrar muchas frases prefabricadas para significar que nuestras acciones no se relacionan con nuestras ideas y, así, pensamos en justificar nuestros malos sentimientos disfrazándolos de ambigüedad porque la frase se queda ahí: "¡Yo no dije eso!".

—¿Y qué fue lo que dijiste entonces?

Nadie contesta esa interrogante que queda en el aire, porque la verdadera intención es decir lo que se quiere sin enfrentar la responsabilidad que conlleva y, finalmente: "si recibes mi mal sentimiento no fue porque yo te lo envié, sino porque eres mal pensado; el mal que puedas sufrir no es mi culpa, es la tuya porque la maldad está en tu pensamiento".

Aquí es donde se necesitan los patrones culturales para demostrar el origen de las ideas, si nacen de lo bueno o de lo malo que contienen dichos patrones; la carga negativa o positiva que le corresponde al sentimiento proyectado según la idea que lo generó y lo correcto de la acción que, finalmente, lo comunica o lo expresa. *La fiscalización que ofrecen estos patrones le permite a la conciencia salir airosa de los enredos de la ambigüedad.*

La conciencia, entonces, es nuestro gran juez, es la que declarará el resultado del proceso, como sentimiento determinante del estado de ánimo de satisfacción o angustia y nos lo dejará saber, ya que cuando nos hacemos conscientes de la aprobación o rechazo, es cuando empezamos a percibir interiormente el efecto de su dictamen. Este es el resultado o estado de ánimo que popularmente ha tomado el nombre de autoestima alta y autoestima baja. Cuando, mediante este juicio de la conciencia, nos llenamos de satisfacción, es porque la respuesta de aprobación fue certificada desde adentro de nuestro ser a través del proceso de autoestimación, y esa sensación gratificante solo proviene de poder constatar la aprobación de los demás sobre la base del esfuerzo que a diario realizamos sin dejar de lado el patrón básico de la moral o las costumbres. De igual manera, cuando nos llenamos de angustia, la conciencia es la que la otorga.

En esta audiencia mental es que hacemos el trabajo de evaluación o estimación de nuestras acciones, es el trabajo que realizamos para nosotros mismos. Aquí es donde cabe la palabra auto, porque esta palabra significa una acción realizada por nosotros, para nosotros y es por eso que decimos autoevaluación o autoestimación, para dar este significado. Finalmente, la autoestima es el resultado de la autoestimación que debe expresarse en un número o en un porcentaje que refleja el nivel de satisfacción interna.

Cómo orientarnos en el proceso de autoestimarnos

La autoestima no es una palanca que alguien puede manipular para subirle o bajarle su nivel de satisfacción por las actividades que realiza en el día (he oído a muchas personas decir: "¡A mí nadie me baja la autoestima!"). No es el nivel de ánimo que sentimos cada día al levantarnos para enfrentar las situaciones cotidianas (otros han dicho: "¡Hoy amanecí con el autoestima baja!"). No es hacerse el sordo frente a las críticas que nos hacen sobre la calidad de las actividades que realizamos (muchos dicen: "Yo hago las cosas y punto, al que no le guste que las haga él"). No es vestirse de hipocresía para que los otros no sepan lo desorientados que estamos y que no sabemos en qué dirección dirigir nuestra vida. A la mayoría les gustaría saber cómo hacerlo bien, aunque parezcan desinteresados

La autoestima es una autoevaluación que nos hacemos en sentido positivo para evaluar nuestro aprendizaje y aplicación de las normas de operación social establecidas por las costumbres y las leyes del grupo en el cual sobrevivimos, con el fin de determinar el nivel de aprobación con respecto a lo que hacemos. Pero todos los días, todos compramos un poco más de estrés por la angustia de no saber cómo se hacen las cosas bien de manera que todos los que observen lo aprueben, porque esta aprobación es la que garantiza que alcancemos el premio del éxito.

Si nos sentimos maltratados, lo aceptamos y llegamos al sufrimiento por esa razón, es porque en el fondo creemos que lo merecemos, por la inseguridad que genera el no saber lo que está bien o lo que está mal. Realmente la desorientación es grande, todo el sistema de valoración que usamos para determinar nuestro nivel de satisfacción interna depende, en este caso, solo de la variada opinión de los demás. Naturalmente, siempre necesitaremos esa aprobación, pero ¿en qué se basa la opinión de los demás para aprobar o desaprobar nuestras acciones? ¿De qué manera los demás pueden saber que usted lo hace bien o lo hace mal? En su caso, usted espera la suerte de hallar gracia ante sus ojos, para que los demás digan que lo hizo bien aunque esté mal, pero cuando usted es parte de los demás, ¿cómo usted sabe que el otro lo hace mal o bien?

Este es un juego incómodo, pues, si usted conoce lo que está bien o mal para el otro, ese debe ser el mismo patrón que usted debe usar para evaluar sus acciones. Conocemos las reglas; pero solo se las aplicamos al que nos parece y así tememos que los demás nos la apliquen si les parece. Entonces, ya no nos importa lo que está mal o bien, sino más bien el interés mayor es manipular el parecer de la mayoría, aunque actuemos mal. De esta manera, hemos ido olvidando las verdaderas reglas bajo las cuales todos podemos ser evaluados en igualdad de condiciones.

Si esto solo ocurriera en situaciones aisladas del día a día, quizás no fuera tan traumático, como cuando nos involucramos en alguna actividad de trabajo, alguna relación de pareja o algún compromiso de estudios en los cuales tenemos que invertir mucho tiempo, dinero, esfuerzo, dedicación y sacrificios y, aun así, nos sintamos desorientados, inseguros y nerviosos porque al no saber lo que realmente está bien hecho, el resultado es un bolo de lotería que no sabemos si alcanzaremos la suerte de ganárnoslo.

He aquí donde empezamos a entender que lo que ha estado generando los problemas de autoestimación en la vida personal individual es la falta de un criterio, en base al cual las ideas básicas se puedan certificar y determinar como buenas o malas. Este criterio debe ser producto de la cultura, es decir, debe surgir de lo que el grupo acostumbra a hacer, lo que sugiere, que debe ser la base para evaluar todas las ideas, cualesquiera que sean los protagonistas, al punto de convertirse en una regla social con aplicación impositiva, con el fin de establecer la razón con mayor claridad y justicia.

La lógica del planteamiento de dichas reglas sociales ha de ser la fuerza de cohesión en esta difícil tarea de integración social, porque el mayor problema es la actitud individualista de los integrantes de un determinado grupo. La logística social debe considerar al hombre como una persona, declarando la dualidad de su existencia (cuerpo y espíritu), arrancándole su individualismo.

Un individuo es un hombre visualizado solamente desde el punto de vista físico, pero una persona se considera desde el punto de vista físico y mental. Por eso, en el trato social, debe considerarse al hombre, en todo momento, como una persona, para esquivar la acción unilateral de su individualismo. Para lograr que el hombre se convierta en una persona es necesario cultivar su cuerpo y, también, su espíritu a partir del inicio de su existencia.

La garantía de que podamos realizarnos una buena *autoestimación* depende, básicamente, del aprendizaje y aplicación de las normas de organización social del grupo al cual se pertenece.

Principios morales de la autoestima

La palabra principio es un indicativo del punto inicial de cualquier ubicación objetiva o subjetiva, concreta o abstracta, que se convierte en un punto de referencia para determinar las demás posiciones. El inicio también se puede interpretar como comienzo, origen o lugar de nacimiento.

En el caso de la moral, sus principios nacen de la interacción social, en cuya fricción se van forjando las reglas que condicionan la relación entre sus miembros, las cuales se establecen como costumbres por la repetición con que se emplean, por resultar ser la manera más justa de lidiar con las diferencias y contradicciones que pudieran afectar la integración del grupo. El establecimiento de estas normas por el consenso de la aprobación de la mayoría, es la que la establece como principio o punto de referencia para determinar las posiciones buenas y malas de las ideas que generan los sentimientos que determinan nuestras acciones.

Los principios morales son, pues, el punto de referencia a partir del cual el propio individuo puede evaluar su actuación frente a los demás miembros del grupo o, más bien, constituyen el modelo a seguir para la generación de todo el proceso de la actuación o la demostración objetiva de los sentimientos, con la garantía de la aprobación de los demás.

El paquete de valores que corresponde a este espacio se refiere exclusivamente a la autoestimación. En este bloque es donde se concentran la mayoría de los principios morales, ya que estos no solo se refieren a la mejor forma de comportarnos con relación a los demás, sino que también expresan cómo deberíamos actuar con respecto a nosotros mismos a fin de que el bienestar social comience por nosotros y luego se proyecte hacia los demás.

Ahora, se nos hace necesario explicar que cada subdivisión de este bloque contiene una serie de principios que su desglose los hacen más comprensible. A continuación, presentamos los sub-bloques de contenido moral que dan soporte a la operación del circuito de autovaloración con la esperanza de arrojar más luz sobre el proceso de *autoestimación*.

Sub-bloques de la autoestima

a) Amor
b) Salud
c) Integridad

El amor

El ser humano es el resultado de la integración de dos unidades potenciales: el animal y el espíritu. Originalmente, ambas partes vienen unidas desde el ensamble genético. La potencialidad de las unidades significa que nacen pequeñas y deberán desarrollarse hasta alcanzar la madurez. El hombre ha creado medios para monitorear el crecimiento del animal humano durante el proceso de gestación, pero no ha puesto mucha atención en el crecimiento espiritual, debido a que no es posible observarlo por ninguno de nuestros sentidos.

La parte que representa al animal es la física, la objetiva, la que se puede observar, el cuerpo humano; y la parte espiritual es la que supone nuestro mundo psicológico, la parte subjetiva, la que no se puede observar, el raciocinio o capacidad para aprender a razonar.

Las dos unidades comienzan a existir al mismo tiempo, pero una depende de la otra. La vida espiritual depende de la del animal, ya que si el animal muere, el espíritu no podrá seguir existiendo. Por lo tanto, todas las actividades del espíritu están apoyadas en el animal que somos, dejando muy claro que solo se podrá desarrollar la vida espiritual o capacidad para aprender a razonar si el animal vive.

El amar es una capacidad del ser humano, la cual interpreta al amor como un sentimiento noble que induce a actuar en favor de alguien. Pero, dado el origen dual del ser humano, este se expresa en dos versiones originales, ya que una corresponde a la parte animal o física, y la otra corresponde a la parte espiritual o psicológica. Todo lo que corresponda al mundo espiritual dependerá, sin lugar a dudas, de la vida del animal. Así decimos que el amor espiritual dependerá del amor físico.

Primera versión:

Amor físico o animal: es una reacción química del sistema endocrino, el cual produce unas sustancias llamadas hormonas que, cuando alcanzan el torrente sanguíneo, provocan el impulso que da cuerpo a la actuación instintiva, lo que significa que este representa la base patrocinadora de todas las actividades del instinto, que van dirigidas hacia la supervivencia, como son la conservación y la reproducción. Además, está diseñado para salvaguardar el deseo de vivir, al mismo tiempo que ampara la continuidad de la vida. Este se activa de manera inmediata cuando enfrenta alguna necesidad y representa la fuerza defensora de la individualidad o individualismo. Esta fuerza puede ser expresada en diferentes niveles, la cual recibe el nombre de temperamento y depende, directamente, de la producción hormonal. Todos los animales humanos traemos esta versión de amor impresa en la configuración química del mapa genético, es un regalo de la naturaleza que todos podemos considerar de nuestra propiedad, de ahí que recibirá el nombre de *amor propio*.

El funcionamiento de este amor dependerá, ampliamente, de la salud física, de la herencia genética y de las influencias del medio ambiente. Además, debe calcularse dentro del paquete del amor propio, al impulso de motorizar la fuerza física en pos de alcanzar una meta desde el mismo momento del nacimiento, ya que este expresa la necesidad de enfrentar la vida desde el punto de vista propio.

La segunda versión:

El amor espiritual o psicológico: el mundo espiritual o psicológico representa la capacidad potencial de aprendizaje, la cual necesitará ser desarrollada a través del ejercicio de razonamiento. De manera que el amor que depende del mundo espiritual o psicológico es aprendido. Sus manifestaciones serán el resultado del aprendizaje a propósito, o razonamiento dirigido, basado en el contenido moral de la organización social, el cual busca mantener la funcionalidad de un grupo determinado.

Su más clara intención es resumir la contradicción entre los elementos del mismo, aumentando la capacidad de socialización y garantizando su estabilidad, *convirtiéndose en la razón básica para la estandarización de las fórmulas que determinan la logística social*. Corresponden a esta selección: el amor a Dios, al prójimo y a la familia. Vale decir que estos amores, por tener que pasar por el proceso de educación, son para uso mediato, ya que necesitan tiempo para poder aprenderlos y representan la fuerza de cohesión social. La educación se basa en el amor propio como referencia primaria para el inicio del aprendizaje de los amores sociales, con la fina intención de socializarlo para equilibrar su condición individualista.

El amor y la necesidad sexual

El instinto es una inteligencia irracional dirigida hacia la supervivencia, cuya base cognoscitiva se refiere al amor propio o individual, porque este es el que mantiene el deseo de vivir, dándonos a entender que tanto la conservación como la reproducción son productos de su manifestación.

Todos sabemos que todo lo que vive muere, aun así, la lucha por sobrevivir la queremos llevar más allá de la muerte. Por eso, de manera natural, intentamos seguir existiendo a través de nuestra progenie. La reproducción se convierte, en este caso, en la mejor opción de supervivencia.

Ante el deseo de prolongar la existencia, el amor propio se manifiesta mediante una reacción química del sistema hormonal, que produce ganas para la realización de la actividad sexual, que es el punto donde se inicia el proceso de la reproducción.

La necesidad sexual es un proceso físico que se refiere a nuestro crecimiento y desarrollo, apoyados en la base del amor propio, el cual nos sugiere que, para seguir existiendo, debemos reproducirnos. Por lo tanto, las comprensiones que se desprenden de esta necesidad generan un sentimiento unilateral, que solo representan el punto de vista propio. Esto queda tan claramente establecido que, aún en la relación de pareja, donde ambos juran amarse, a la hora de la relación sexual, el que no tiene deseos de realizarla se niega, por más necesidad que demuestre el otro.

Esta es la gran confusión que existe entre la necesidad de la realización del sexo y el sentimiento del amor espiritual. La necesidad de la realización de la actividad sexual está determinada por la posibilidad que el individuo tiene de seguir sobreviviendo a través de la reproducción, la cual constituye una demostración clara de amor propio o individual.

Pero para reproducirse es necesario que participen dos seres humanos. Significa, entonces, que la actividad sexual, aunque sea un impulso individualista, para que dé el resultado de la reproducción, deberá ser montada en la base de una relación social que conlleva la participación de dos individuos de diferente sexo.

Imaginemos ahora a dos individuos que intentan reproducirse haciendo gala del amor que han aprendido, para poder alcanzar el fin individual de la reproducción, aceptándose y creando una nueva fórmula de vida que lo represente a los dos en el camino de la supervivencia. Esta ilustración constituye el mejor ejemplo de la expresión integrada de las dos versiones del amor.

Pero el amor que se aprende está sujeto al archivo de la memoria y la mente. Lamentablemente, todo lo que se archiva en la memoria es objeto del recuerdo y susceptible de olvido. Si la información que sostiene la versión de amor aprendida se olvida, o sufre transformaciones por influencias del medio ambiente, entonces se desvanece la base social sobre la que se montó la relación sexual y, si por mala suerte, uno o los dos ya no tienen deseo de reproducirse, la relación de pareja se desvanece inevitablemente.

¿Qué es el amor?

En sentido general, el amor es un sentimiento noble que nos induce a actuar en favor de la persona que decimos amar. Es el resultado del razonamiento sobre la manera perfecta de tratamiento en la relación social de dos o más personas.

Un favor es una gracia que, a la vez, representa la condición mediante la cual se otorga el disfrute de un bienestar por el que no se tiene que devolver nada a cambio. Lo que significa que la persona que se interesa en demostrar amor, puede otorgar gracias o favores sin esperar nada a cambio, su único deseo es que la persona amada alcance a disfrutar del bien o servicio ofrecido. Además, la persona que ama siempre trata de ser prudente y delicada cuando enfrenta la relación social. En todo momento vigila su comportamiento para no desencajar.

¿Cómo se aprende el amor?

Aun siendo los amores espirituales o aprendidos las razones básicas sobre las cuales se logra estandarizar las fórmulas que determinan la lógica de acción social, la familia y la escuela, que son los lugares donde se aprende, no tienen una idea clara de la base cognoscitiva que debe apoyar este concepto. La única luz que tenemos en el camino de aprender el amor, son las doctrinas bíblicas, las cuales representan una buena base, donde no solo el amor a Dios encuentra apoyo, sino también el amor al prójimo y a la familia. Pero la Biblia condiciona el aprendizaje del amor, ajustando la conducta a un comportamiento casi perfecto basado en la fe, el cual supone un completo dominio propio, que solo se puede alcanzar después de superada la etapa de la reproducción y bajo una fuerte concientización. A sabiendas de lo difícil que es alcanzar a vivir el milagro de la fe en medio de la embestida del sistema hormonal, la iglesia también se torna tímida al tratar de enseñar el amor.

Prácticamente, hemos quedado, institucionalmente, desamparados con respecto al amor. Ahora cada quién intenta el amor según lo imagina, basado en el buen trato. Si en la generalidad de los casos, puede entenderse el amor como una traducción del buen trato, del cual pueda ser objeto la persona amada, tendremos que citar las costumbres, la moda y las expectativas de la persona sobre quien se quiere proyectar el amor. Estos tres aspectos son difíciles de establecer, ya que las posibilidades actuales de comunicación no permiten que se establezcan las costumbres, así como la moda, todo cambia tan rápidamente, que no les da tiempo a las personas a pensar en sus expectativas. Para tratar de establecer la base cognoscitiva que apoye el concepto del amor entre dos o más personas, se hacen convenios temporales, basados en la reacción química que produce el deseo sexual y en la administración del dinero. Si se acaba el dinero o el deseo sexual que soporta la base de amor, sencillamente la relación se disolverá. Lo más significativo es, que estas pequeñas fórmulas sociales son la base potencial de la familia, la cual no alcanza el afianzamiento necesario para mantenerse, por lo que esta está desapareciendo.

En nuestra sociedad no existe una base cognoscitiva confiable que se pueda establecer, aunque sea por unos minutos, para darle fundamento al concepto del amor. En este sentido, el amor es difícil de aprender. Aun así, el mejor punto de referencia para iniciar el aprendizaje del amor son las manifestaciones del amor propio, cuyo ejercicio en base a la existencia de los demás logra refinarlo, hasta llegar al punto de la socialización, mediante la aceptación del amor por Dios, el prójimo y la familia.

La familia es la guardiana y orientadora del primer amor, escenario legítimo para el recibimiento de los nuevos ingresos sociales, los recién nacidos. Ella es el soporte ideal para el aprendizaje de los demás amores, porque constituye una célula social con todas sus condiciones y garantías.

Principios morales que le dan autenticidad al amor

Siendo el amor un sentimiento tan difícil de interpretar en nuestra sociedad, en el intento de ajustar la óptica social para su enfoque y visualización, se han creado algunos convencionalismos lógicos que ayudan a establecer el criterio sobre el mismo, a fin de pulir las diferencias interpretativas que pudieran afectar una relación amorosa, facilitando su desenvolvimiento.

Estos constituyen sugerencias de alternativas de actuación cuando se quiere proyectar el sentimiento del amor, de manera que se torne fácil para el otro la interpretación, para que el sentimiento no tarde en funcionar. Si quiere alcanzar el éxito en su declaración de amor, estos son detalles que no debe obviar, no importa hacia quién desee proyectar su amor, cualquiera que elija como segundo protagonista lo entenderá. En esta lista nos atrevemos a citar a:

La comprensión como un prefijo del amor.

Muchas veces hablamos, con ingenuidad, sobre la comprensión, como si esta fuera, sencillamente, un gesto o manifestación de amor. Sin embargo, la comprensión es un paso previo al amor. No llegamos a la comprensión a través del amor, sino, más bien, llegamos al amor a través de la comprensión. No se necesita el amor para comprender, se necesita comprender, para amar.

El apelar al amor cuando hablamos de comprensión es absurdo. El amor es fruto del conocimiento razonado, el cual debe pasar por el proceso de análisis crítico comparativo, cuyo resultado es la comprensión, y después es que se llega al resultado del sentimiento que se llama "amor".

La relación de amor de dos personas es biunívoca, no admite un perfil unilateral, si se quiere cosechar los beneficios de un amor, en donde la comprensión es parte del proceso, esta también puede obtener el mismo carácter biunívoco.

También debemos calcular que el conocimiento se razona según el patrón cultural, por lo que el amor general y la comprensión hacia los demás son patrones culturales que no se pueden desconocer.

Dependiendo de esta declaración, *la comprensión se logra, entonces, cuando se ajustan los estándares de las fórmulas de razonamiento lógico social que les sugieren al individuo, la forma correcta de actuar en todas las situaciones predeterminadas y le otorga una sanción prescrita, con la intención de advertir sobre la necesidad de que no se violen los estándares si se pretende alcanzar la comprensión.*

Pero hay algunos individuos que no conocen las normas y otros que, aunque la conozcan, no logran entenderlas bien, ocasionando una imposibilidad primaria en el ajuste de la interpretación de las mismas, por lo que la relación social deberá arrojar dos resultados lógicos si se quiere seguir intentando la comprensión. Estos son el perdón y la tolerancia, los cuales parecen de segundo orden, pero no lo son. Muchos individuos, ante estos, pueden respirar el aire de la comprensión e intentar el amor, declarándolos de vital importancia, en las relaciones interpersonales, cuando a esto se refiere.

El perdón y la tolerancia, resultados primarios de la comprensión

El perdón es el levantamiento de la pena ofrecida por la infracción de una regla de control social, ya sea en el plano económico, legal o puramente social de primer orden. Lo que quiere decir que el que obtiene la gracia de suspensión de la pena debe tener buen alegato para merecerlo.

Los alegatos son demandas con cierto sentido de razón, por lo que se aclara no sentirse culpable de cometer el hecho del que se le acusa; se hace la petición de suspensión de la pena por ignorar la existencia de la regla social con su respectiva sanción; o por ofrecimiento de una indemnización que cubra el daño moral o físico que resultó de la violación de alguna norma.

En el caso sencillo del enfrentamiento social de dos o más personas, el perdón tiene dos vertientes, una es el que lo pide y otra es el que lo otorga. El que lo pide, frente a la pena que representa el daño causado por su actitud y comprendiendo que lo hizo mal, promete no volver a cometer el hecho, y el que lo otorga, visualizando la necesidad de restaurar la relación social, promete no volver a hablar más de lo ocurrido.

Si falta sinceridad de cualquiera de los dos, si el que lo pide se burla y vuelve a cometer el hecho, o el que lo otorga se burla de la humildad del otro, lamentablemente, el perdón no funcionará.

Por eso, antes de pedirlo, el que lo necesita debe llegar a la comprensión del mal que hizo, solo así logrará el arrepentimiento y podrá decidirse a no hacerlo más. Con solo esta actitud es muy probable que el otro no lo vuelva a mencionar, y si el que debe otorgarlo, lo otorga sin que el otro lo pida, es posible que si se repite, entonces, el otro quede mal parado ante los ojos de los demás. Ante esta justificación observamos cómo, de manera sutil, se afectan los niveles de comprensión, otorgándonos una segunda oportunidad cuando se nos cede el paso hacia la tolerancia.

La tolerancia es la capacidad de entender la dualidad del hombre: el animal irracional que objetiva y básicamente es, sujeto a las posibilidades subjetivas y abstractas de desarrollar el raciocinio. Si usted ve un caballo está viendo a un animal; si ve un elefante ve un animal; si ve un mosquito también ve a un animal; pero si ve a un hombre o una mujer no sabe lo que está mirando, porque los hombres y las mujeres, básicamente, somos animales que se supone que razonamos. El suponer le quita veracidad al juicio, por lo que recomendamos extremo cuidado en el enfrentamiento social con otros especímenes de la raza. El gesto protocolar de la disciplina y la cortesía nunca debe obviarse en el intercambio social, aunque nos sintamos confiados en la educación del otro.

La tolerancia estará basada en el entendimiento de que todos los individuos no han podido alcanzar el mismo nivel de comprensión sobre el protocolo de tratamiento social y, aun así, merecerá el mejor trato.

Principios morales que se especializan en prestar ayuda

La bondad es un don despersonalizado, es como lo bueno envuelto en papel de regalo, que nosotros estamos en capacidad de recibir o rechazar. Nadie nace bueno, si decimos que el ser bueno representa un comportamiento estúpido que solo favorece a los demás aunque nosotros suframos, porque para que los otros reconozcan nuestra bondad, a cambio debemos recibir su maltrato.

El aceptar el don de la bondad y decidirnos a actuar según sus leyes, no nos debe hacer sentir mal, porque lo que es bueno recibe ese nombre por el sentimiento positivo que provoca. De manera que la primera persona que acepta la bondad, para actuar con ella, debe recibir el primer paquete de satisfacción como retribución a su buena obra, y después, la persona sobre quien se refleja nuestra actitud, recibirá el segundo paquete de buenos sentimientos, reflejados por el favor que recibe.

En sentido general, esta cualidad caracteriza a la persona que tiene una mayor inclinación a hacerles el bien a los otros, son personas que están muy pendientes a las necesidades de los otros con la intención de ayudar. La pasión de las personas buenas es ayudar, pero pueden ser malinterpretadas, ya que la ayuda no se debe prestar desde el punto de vista propio sino del que la necesita, a menos de que no se establezca un diálogo que cree una solución ideal, tanto para el que ayuda como para el que la recibe.

La caridad es la actitud de ayudar a los demás a través de representaciones materiales que puedan necesitar y que estén a nuestro alcance. Hoy día hay tantas personas que, aún estén en condiciones de producir los bienes y servicios que necesitan para satisfacer sus necesidades, se acatan a vivir de la caridad de los demás, declarándose indigentes o discapacitados, por no asumir la responsabilidad que implica tener un trabajo. Esta situación ha provocado que las personas normales ya no creen en su condición y han dejado de practicar la caridad, aún parezca que el otro la necesita.

Ser caritativo significa otorgar la ayuda a quién la necesita, valiéndonos de la situación objetivamente observable, que nos haga entender su necesidad.

Solidaridad es la que consiste en compartir los momentos malos de los demás. Se puede ser solidario con aportes materiales en tiempo de necesidad y en caso de desastres naturales. Esta también nos lleva a brindar apoyo moral y espiritual frente al desastre social. Muchas veces una simple compañía representa el mayor gesto de solidaridad. *El ser solidario expresa que reconocemos que todos somos del mismo grupo, desde el punto de vista del perfil universal del concepto humanitario.* Por lo tanto, ante la desgracia, la unión de todos para enfrentarla constituye el más alto gesto de solidaridad, sintiéndonos comprometidos, entregándonos en la lucha como si lucháramos por nosotros mismos, aunque esta no nos haya alcanzado.

La generosidad es la que se refiere a que, cuando estamos administrando algún bien de nuestra propiedad o donado a favor de los otros, nunca demos menos, mejor es que demos suficiente o más, según la necesidad del que recibe la ayuda. *Ser generoso es la actitud personal de sentir el gozo de entregar la ayuda en tiempo de necesidad.*

El perdón, la tolerancia, la bondad, la caridad, la solidaridad y la generosidad definitivamente se refieren al buen trato, pero aquí no podemos citar la comprensión como un principio, aunque el poder comprender marque el comienzo de una relación verdaderamente amorosa, ya que la capacidad de comprensión depende, intrínsecamente, de la gestión de la razón, la cual es parte del patrón cultural que forja la personalidad de los individuos.

Si dos individuos de grupos diferentes intentan una relación amorosa, con lo primero que pueden contar es con su atracción física, después, con su conciencia sobre los principios sobre el buen trato y, por último, con el tiempo para conocer y compartir su mundo psicológico, de manera que algún día lleguen a comprenderse y, finalmente, el sentimiento del amor funcione entre los dos.

El amor es un sentimiento perfecto y real, solo hay que definir la idea que lo genera y que todas las acciones que lo demuestran se refieran al buen trato. Pero nadie debe exigir comprensión en este punto, porque esta es una capacidad que se logra a medida que se construye la personalidad, dependiendo de la facilidad de aprendizaje del individuo.

La salud

Podríamos decir que la salud es la condición estable del ciclo vital, por lo tanto, tenemos que considerarla desde el punto de vista físico y desde el punto de vista mental.

La salud física:

Estos principios se refieren a lo que el individuo debe saber para conservar su salud física. Estos constituyen, fórmulas de contenido cognoscitivo, afectivo y psicomotor que deberán ser razonadas con el apoyo de los árbitros sociales de primera y segunda consideración como son los padres, los tutores y los maestros. A continuación, ofrecemos el formulario que contiene dichos principios.

Higiene: es la condición de salubridad que debemos exhibir en el ambiente donde nos desenvolvemos, porque la salud es importante para sobrevivir. Si no podemos erradicar todos los agentes contaminantes, por lo menos deberemos mantenerlos controlados.

Es importante, visualizar la higiene desde el punto de vista personal, individual y medioambiental, porque es ilógico que nosotros nos mantengamos limpios y el entorno sucio. Aunque una persona se mantenga limpia, si el medio ambiente donde se desenvuelve está sucio, la contaminación como quiera lo alcanzará. De manera que si se pretende alcanzar la salubridad, no solo se puede observar desde un solo punto de vista. Por tal razón, haremos referencia a la higiene personal y la ambiental.

Higiene personal: se refiere a los hábitos de limpieza que debemos seguir en referencia a nuestro cuerpo, el baño diario, el cepillado de nuestros dientes, el uso de ropa limpia y la utilización de lugares adecuados para realizar algunas necesidades fisiológicas. Se trata de mantenernos preparados y en salud aparente para facilitar la socialización.

Higiene ambiental: juega un papel importante en el manejo de nuestra salud, ya que los cúmulos de basuras traen como consecuencias criaderos de insectos y ratas, todos altamente dañinos para la salud de los humanos. Modernamente, la limpieza se calcula desde todos los puntos que puede ser observado el medio ambiente, ya que muchos individuos están rebasando los límites naturales de acción que le corresponde al invadir el espacio ajeno.

En ocasiones anteriores, las percepciones más objetivas sobre contaminación ambiental eran las que se podían gravar con una sanción de control social, porque se podía encontrar la manera de probarlo fácilmente, tal es el caso de todo lo que se puede ver. Pero hoy día, todo lo perceptible a través de los sentidos de la vista, el oído y el olfato, como son los malos olores que desprenden algunos desperdicios, el ruido que trasciende lo más íntimo de la propiedad privada y todo lo que se considere material inútil, son calculados como agentes contaminantes, sobre la exposición de los cuales se otorga una responsabilidad y se grava con una sanción.

La nutrición: los principios sobre la nutrición son la información que debemos tener sobre cómo funciona el sistema biológico de nutrición física y cuáles son los nutrientes que nuestro cuerpo necesita.

Además, necesitamos saber dónde podemos hallarlos, cómo se preparan y cómo se degustan, a fin de que nos alimentemos adecuadamente, dándole, así, el mejor trato a nuestro cuerpo.

Estos principios son como el planteamiento de la necesidad de alimentarnos de manera responsable, pero sabemos que su contenido es objeto de largas horas de estudio sobre la anatomía y fisiología del cuerpo humano.

Rutinas de ejercicios para el mantenimiento físico: todos los días hemos ido avanzando en el conocimiento sobre la mejor forma de mantenernos en buenas condiciones físicas. Sabemos que ejercitar nuestro cuerpo debidamente constituye un complemento perfecto para la alimentación. Una alimentación balanceada, apoyada por rutinas diarias de ejercicios físicos, multiplica las posibilidades de mantenerse en perfecto estado de salud física.

La salud mental:

Estos principios sobre la salud mental están apoyados en los principios de salud física, y en la orientación sobre cómo ir desarrollando el raciocinio, según la cultura y la gestión de los árbitros sociales.

La determinación de las fórmulas de razonamiento lógico social son el amparo bajo el cual se conserva la razón de un grupo o sociedad, las cuales sirven de garantía para mantener la aceptación de los parámetros de interpretación de los episodios cotidianos, sobre los cuales debemos tener la misma percepción, así como el mismo entendimiento, asegurando la actuación lógica. De esta manera, podemos aunar la opinión y actuar en consecuencia, bajo el auspicio de la razón social establecida. Por tal motivo, aquellas personas que no lleguen a desarrollar el raciocinio, al punto de entender las reglas sociales y, como consecuencia, sus acciones, al ser evaluadas, exhiban cierta desorientación de los parámetros normales, siempre son consideradas como enfermos mentales.

Como podemos observar la salud es una ocurrencia en la vida diaria de todos los seres humanos que no solo está representada en la parte física o en la espiritual sino más bien, son manifestaciones conjugadas del cuerpo y la psiquis que dan una respuesta equilibrada en la proyección y abstracción de las realidades que enfrenta la persona al adaptarse y sobrevivir. En sentido general la salud es la condición que determina el mas alto nivel de adaptación al medio en que se desarrolla nuestra vida de manera que podamos disfrutar a plenitud de todo lo que nos ofrece el entorno.

La integridad

Suponemos lo íntegro, o integrado, como la fusión de dos o más elementos que se sincronizan para actuar al mismo tiempo, en pos del mismo objetivo. Por eso, al hablar de la integridad personal no debemos olvidar la condición dual de la persona humana, la cual exige ser integrada por la necesidad de fortalecer la actitud personal frente a las situaciones de la vida diaria, para aceptar la responsabilidad de los actos que realizamos y evitando el desdoblamiento personal, cuya debilidad siempre será sostenida por la mentira.

La persona humana está compuesta por la parte física, que representa su base animal, la cual se rige por impulsos basados en un conocimiento ciego que se encuentra atrapado en el mapa genético, y sobre el cual la conciencia no tiene autonomía. La otra parte de la persona está representada por la capacidad del ser, que representa nuestro mundo psicológico, la cual puede ser entrenada para el manejo consciente de todas las realidades del entorno sobre las cuales debemos decidir y actuar. Pero no es posible asumir el ser responsables si no logramos la integración de las dos partes de la persona. De manera que lo psicológico se apoye en lo físico y lo físico se guíe de lo psicológico, para que, al actuar, formen un solo frente integrado, a fin de establecer la actitud responsable.

El punto de partida más lógico es la vía psicológica, que es la que permite el aprendizaje, naturalmente, apoyada en la salud de lo físico, que es el que, finalmente, permite los niveles de compresión sobre el tema.

El conocimiento de las técnicas para lograr la integración del cuerpo con el espíritu está basado en una serie de principios, contenidos en el paquete de la autoestima que, primero permiten la unificación del individuo con su psiquis y, luego, lo dejan proyectarse, con la mejor imagen, hacia los demás. Es decir, la finalidad o propósito de este manojo de información es lograr la integridad personal a partir de reconocer quiénes somos, demostrando la estabilidad de nuestra actitud individual desde el punto de vista social y, luego, exigir de los demás el trato que creemos merecer. Todos estos principios se refieren a la manera perfecta de proyección personal.

Finalmente, para poder referirnos, de manera práctica y objetiva, sobre los principios que se refieren a la *integridad,* hemos tratado de hallar una mayor relación entre ellos, hasta agruparlos en (4) cuatro columnas.

PRIMERA COLUMNA
Configuración y Establecimiento
del Archivo Referencial
-honestidad, sinceridad, fidelidad-
- capacidad -

La honestidad: es la indicadora de que contamos con un archivo de datos que puede representar nuestra preparación académica, combinada con las experiencias adquiridas en nuestra relación, en tiempo y espacio, con el medio ambiente. Esta se enfoca en la teoría, producto de la formación académica o en el conocimiento empírico, resultante de nuestras experiencias demostradas en acciones de conductas objetivas que *certifican que sabemos hacer lo que prometemos que sabemos.*

La sinceridad: es la demostración objetiva de todos nuestros sentimientos, que se generan en nuestro archivo de datos. *Actuar con sinceridad es accionar de buena fe, en base a lo que creemos que sabemos, estemos equivocados o no.* La sinceridad no es una demostración de bondad, más bien es una expresión de confianza en uno mismo. Si no se puede ser sincero es porque no se está seguro de lo que se sabe, por lo que la falta de sinceridad demuestra falta de confianza en uno mismo.

La fidelidad: es la actitud de mantenerse firme en lo que se cree y a lo que se promete. Lo que se sabe depende de lo que aprendemos espontáneamente de nuestras experiencias, o de lo que adquirimos por la sistematización de nuestra educación, pero esta última siempre deja abierto un paréntesis a nuevos aprendizajes con la finalidad de mantener actualizada la base de datos sistematizada, ayudando a la creación de una actitud crítica que, aunque cambie el contexto de la opinión básica, la esencia sobre la cual se funda la creencia sea respetada.

Comentario

Todos estos principios cuando son integrados en nuestra manera de actuar son lo que determinan que estamos capacitados teórica y prácticamente para desempeñar cualquier actividad en la vida que decimos saber frente a la cual podemos mostrar *una actitud responsable, ya que* manejamos las medidas correctas de espacio, tiempo y recursos materiales o intelectuales para realizarla, lo que quiere decir que cuando la actuación está normada por dichos principios reflejamos *confianza* en nosotros mismos y de este modo podemos alcanzar que los demás también confíen en nosotros.

SEGUNDA COLUMNA
Institución de la Visión de Futuro
Paciencia, Fe, Esperanza, Perseverancia,
Sensatez, Optimismo
-Decisión-

La paciencia: la opinión general sobre la paciencia es que esta representa un tiempo extra, inteligente, que marca el punto ideal, donde las metas más difíciles pueden alcanzar el éxito.

No entendemos, entonces, cómo es que todos queremos alcanzar metas y no podemos ser pacientes, y entre todos nos dedicamos a fabricar fórmulas de paciencia que de nada nos han servido. Todo el mundo quiere manejar la paciencia como un acto de magia o de fe ciega, les dicen a los demás: "ten paciencia", con la esperanza de que el otro lo logre, cuando ellos mismos no saben cómo se puede alcanzar.

La dificultad en aprender a ser paciente está marcada por la motorización y operación del sistema hormonal que, a partir de la pubertad, va preparando al cuerpo para la reproducción, entrando en una etapa de desarrollo físico que crea urgencias de todo tipo.

Toda la producción hormonal vertida en el torrente sanguíneo, altera el metabolismo y distorsiona la percepción sensorial, la cual no permite que el individuo se enfoque sobre el objetivo principal de la vida. De manera que este no puede hallar el camino para tomar su decisión de ser paciente con respecto a las situaciones que enfrenta. Si partimos de la premisa de que en todo y para todo lo que hacemos necesitamos tener paciencia, porque es la garantía para alcanzar el éxito, deberíamos preguntarnos, con seriedad, que es la paciencia, cómo se logra y cómo se aplica. Si se pretende aprender a ser paciente, lo primero es declarar que queremos alcanzar el éxito, ya que la decisión de lograrlo puede ser la mejor técnica para aceptar que se necesita ser paciente.

La paciencia es una condición aprendida que caracteriza a la persona adulta, y que le da mejor apariencia a la actitud personal, ya que sugiere que aquel que puede actuar teniéndola en cuenta, esquiva muchos inconvenientes que lo pudieran alejar de su objetivo inicial. De manera que actuar con paciencia garantiza la reducción del margen de error, acercándonos más a nuestra meta.

Realmente, la paciencia no es un don ni una virtud, en primer plano es una posibilidad física, marcada por el funcionamiento de nuestro sistema hormonal que, durante el período de la reproducción, se apresura a generar una reacción química que no favorece el razonamiento y nos obliga a tomar decisiones desesperadas y, en segundo plano, está determinada por la concientización que podamos obtener sobre el funcionamiento de nuestro cuerpo a través de la educación que recibimos y sobre las técnicas que podamos aprender acerca del planteamiento, visualización futura, estrategias metodológicas, capacidad de inversión de esfuerzo físico y recursos materiales sobre las metas que nos proponemos alcanzar.

La paciencia es un principio moral que debe empezar a enseñarse desde las primeras horas del nacimiento, si pretendemos alcanzarla después de terminada la adolescencia, porque es difícil aprenderla en las primeras etapas de la vida, la capacidad de poder aprender la paciencia queda bajo la influencia de nuestro temperamento y la posibilidad de la construcción personal. Si se inicia el aprendizaje de este principio moral a buen tiempo, cuando comience la pubertad se puede gozar de cierto control, de manera que se empiecen a ensayar algunas técnicas de dominio propio que ayuden, de forma consciente, con la embestida del sistema hormonal.

En la etapa de la reproducción se debe hacer un mayor hincapié en la necesidad de seguir practicando la paciencia para reducir en nivel de error en la operación social. El trabajo debe ser en equipo, los padres, los maestros, la escuela, la iglesia y el estado deben monitorear que los jóvenes dediquen un tiempo específico para aprender a ser pacientes, porque de esto depende, en mayor porcentaje, el éxito de su vida futura.

Es difícil visualizar la posibilidad de ser paciente en medio de la necesidad, pero el que ya ha disfrutado del beneficio de la paciencia, nunca la abandonará, porque es el medio más rápido y seguro para alcanzar metas de toda índole.

Ya tenemos una idea de qué podemos hacer con los pequeños, que pueden iniciarse, con facilidad, en el aprendizaje de la paciencia. Pero el problema mayor ahora es el grupo que ya está grande y de todas maneras necesita aprender a ser paciente, porque nadie se quiere morir sin alcanzar sus metas más sencillas.

Ahora bien, es necesario saber que muchas personas aún crean que han pasado el período de la reproducción, su sistema hormonal continúa trabajando y es muy posible que el individuo siga con su misma actitud impaciente o desesperada o, en otro caso, existen algunos problemas hepáticos o del páncreas, que pueden afectar el humor de las personas y, por último, las glándulas tiroides también pueden entrar en degeneración, provocando un trastorno de la conducta.

El poder aprender a ser pacientes en todos los casos depende del estado general de salud física y, si ya gozamos de buena salud, solo nos queda entrar en un período de aprendizaje, tratando de entender, definitivamente, lo que significa ser paciente.

La creencia sobre la paciencia indica que es como un reloj, cuyos parámetros de tiempo exceden a los normales, pero que, aun así, tienen su límite. Cuando existen elementos que se escapan de nuestra manipulación, es posible que, aunque visualicemos la posibilidad de alcanzar la meta, debamos considerar un espacio de tiempo prudente para que esos elementos actúen en nuestro favor. En este punto, la intensidad de la fuerza de la pasión que embarga a nuestro ánimo por alcanzar nuestro objetivo, ha de darnos la suficiente templanza para esperar lo que sea necesario.

Es posible que la paciencia sea la exhibición de una actitud serena que pudiera desprenderse de la posibilidad de poder razonar nuestras necesidades, convirtiéndolas en deseos manejables, los cuales pudieran orientarse por el camino sabio que ofrece el método científico, hasta lograr el alcance de la meta que nos hará descansar en la sala del disfrute, donde podremos respirar el aire de la satisfacción.

Otra opción sería el pensar que la paciencia es el cronómetro interior que se especializa en otorgar el tiempo preciso para alcanzar la satisfacción de un deseo o necesidad. La paciencia es una actitud que se aprende, pero depende, básicamente, de la estabilidad de los procesos de razonamiento que, para lograrlo se necesita entrenamiento. Incluso, en muchas ocasiones, no es posible aprenderla hasta después de superar el período de la reproducción. Pero aún no podemos alcanzar la paciencia, a sus espaldas hay una enemiga que nos acecha... La desesperación... Nadie la quiere vivir, porque ella nos asegura el fracaso y nadie quiere fracasar.

El fracaso es el pan nuestro de todos los días, la frustración es la almohada sobre la cual reposamos nuestras cabezas todas las noches y el futuro es la pesadilla que vivimos todas nuestras madrugadas porque no sabemos qué podemos hacer al día siguiente para tratar de hallar un poco de satisfacción que nos ayude a mantener el aprecio por la vida. Es necesario, entonces, dar vuelta atrás para recuperar la paciencia, porque es la única opción que nos puede iluminar en el camino de alcanzar la realización de nuestras metas. La paciencia es un atributo exquisito que se compra con la observación previa de la frecuencia con que ocurren los fenómenos sociales, partiendo desde su origen, siguiendo su trayectoria evolutiva hasta alcanzar sus consecuencias, para luego manipularlas según nuestro interés.

La fe: es la convicción de querer y poder alcanzar una meta, pero la fe no es un milagro, es una actitud de entrega a seguir el camino, basada en planteamientos lógicos, en la motorización de la fuerza física y en la inversión de recursos materiales.

Después que la trama para el alcance de nuestro objetivo está montada de manera lógica y con todos los recursos materiales e intelectuales invertidos, no nos queda más que *la esperanza*, que es como el sentimiento de gozo anticipado al visualizar en el futuro la realización de nuestras metas. Es la fe combinada con la paciencia que crean la garantía de que nuestro esfuerzo dará resultado.

La perseverancia: ser perseverante es no perder de vista nuestro objetivo, enfocados en lo que creemos que podemos lograr, motivados por el gozo que nos da la esperanza, manteniendo la actividad física constante en pos de nuestra meta, apoyados en el método científico, refinando nuestra intención de alcanzar el resultado.

La sensatez: es una curva crítica de la perseverancia que nos da permiso para hacer un alto en el camino, con la finalidad de valorar los métodos y elaborar nuevas estrategias si fuera necesario, para cuantificar la inversión material que hace falta y para certificar, nuevamente, lo que esperamos del trabajo que realizamos, sin que esto pudiera parecer falta de perseverancia.

El optimismo: es el aura positiva que sirve de pantalla protectora contra la mala influencia de otros individuos y que demuestra la intensión clara de alcanzar la meta deseada. Lo justo es decir que el optimismo es el resultado de este paquete de principios.

TERCERA COLUMNA
Determinación de las reglas de Orden Social
Nobleza, Dignidad, Justicia, Rectitud,
Honradez, Honorabilidad
-Respeto-

La nobleza: ser noble es desprenderse del mayor bien poseído en favor de los necesitados, aún sea la propia vida, como una demostración de respeto al derecho de vivir con dignidad.

Hay persona, cuya nobleza ha llegado al punto de donar parte de su cuerpo para que otro viva y otros que donan sus órganos después de su muerte para que otros los puedan usar y, así, sigan viviendo aunque ellos ya no estén.

La dignidad: ser digno es ser merecedor. El merecer puede entenderse como la capacidad de obtener un beneficio que se desprende de un derecho otorgado por gracia o ganado.

Como cada individuo comienza a participar de la vida en grupo en plena inconsciencia, sus padres son los que deben cumplir con el deber del trabajo para ganar y corresponder con el derecho que se le otorga a cualquier espécimen de la raza. Por ejemplo: la alimentación de un niño, aunque este nunca haya trabajado, le corresponde que le den comida. No se puede esperar a que el individuo trabaje para luego darle de comer, ni se puede esperar que el individuo crezca para después educarse.

En nuestro país, la dignidad de los menores queda, casi totalmente, bajo la responsabilidad de los padres, aunque en otros países más desarrollados, en una buena parte queda a cargo del estado de gobierno, el cual se compromete a mantener la dignidad del menor, visualizando que sus padres no puedan ser enteramente responsables. De esta manera, los gobernantes aseguran el mismo nivel de calidad de vida para todos los futuros ciudadanos de su país a fin de mantener el orden social.

La dignidad de los adultos queda bajo su completa responsabilidad, siempre que cuenten con su salud y puedan integrarse al medio productivo del país realizando algún trabajo.

La dignidad de los ancianos, enfermos y discapacitados en los países subdesarrollados es asunto familiar, pero en otros países más desarrollados, estos individuos son los que gozan de los más altos niveles de dignidad, porque el estado de gobierno tiene mecanismos especializados para darles seguimiento hasta la muerte.

Finalmente, ser digno, o tener dignidad, es alcanzar la satisfacción de las necesidades vitales de un individuo, trabaje o no, sin mucha dificultad. El nivel de dignidad de un individuo depende estrechamente de la capacidad de trabajo, de la buena administración de los recursos materiales y la unión de la familia que se esfuerza concentrando su intención de hacer más dignos a sus nuevos ingresos sociales, ofreciéndoles una mejor alimentación, un monitoreo pediátrico, así como el inicio de la educación formal a tiempo en un centro de estudios, sea público o privado.

La justicia: de manera generalizada, lo justo se refiere a que cada individuo, dentro de su grupo, tiene los mismos derechos y deberes que todos los demás miembros. Lamentablemente, la madre naturaleza no ofrece las mismas posibilidades de supervivencia en todos los puntos de la geografía del planeta y la suerte de la combinación genética tampoco nos hace objeto de las mismas ventajas. Por lo que podemos decir que la justicia es un valor irreal, al cual se apela cuando se aspira a detener el abuso que pudiera cometerse en contra de nosotros.

Aun así, los grupos humanos han establecido todo un sistema para la administración de la justicia que les haga sentir a sus miembros que todos tendrán los mismos derechos, con capacidad de apelación ante un tribunal legalmente establecido donde, mediante las leyes que lo rigen, se pueda establecer quién tiene la razón, con la esperanza de resumir las contradicciones.

En el orden social de primer plano, se hace necesario actuar con justicia, tomando en cuenta que no hay nada más justo que la actitud de respetar el derecho ajeno. Pero las debilidades humanas son la prioridad hoy día, las cuales están sujeta a los impulsos naturales, cuyas manifestaciones individualistas han hecho necesario la creación de las instituciones jurídicas.

Dichas instituciones se apoyan en las leyes que intentan el trato igualitario para todos los ciudadanos de una nación, teniendo que ajustar la óptica para la observación de todos los fenómenos sociales que se refieran al ejercicio del derecho que le corresponde a cada quien.

La justicia, finalmente, aspira a abrir el camino al respeto del derecho que todos merecemos como miembro de un grupo determinado.

La rectitud: es la actitud de conducirse invariablemente por el orden social establecido, respetando las normas de convivencia en grupo, observando que, aunque otros la violen, nuestra actitud no cambiará, siempre respetaremos las reglas.

El ser recto es hacer lo que se sabe que está bien según nuestra educación, aunque la mayoría parezca que no lo aprecia, porque en el fondo a todos nos gustaría actuar, en todo momento, con rectitud, rescatando lo poco que queda del honor de nuestros ancestros que aún corre por nuestras venas. Cuando se actúa con apego a las reglas, los márgenes de error se reducen y nuestras metas se tornan más alcanzables.

La honradez: se refiere a la claridad con que se manejan los recursos materiales que se pongan bajo nuestra responsabilidad, con la finalidad de realizar algún trabajo o actividad socializada. El ser honrado es una demostración de respeto a la propiedad ajena sobre la que hemos sido nombrados guardianes o administradores, la cual es susceptible de ser devuelta a las manos del dueño cuando él lo requiera.

La honorabilidad: el honor es la educación rigurosa que puede recibir el individuo, en donde la necesidad de la aprehensión de los valores espirituales está por encima de las debilidades humanas. Generalmente, esta se basa en la necesidad espiritual de guardar, celosamente, el contenido moral del orden social establecido, el cual constituye una serie de enunciados rígidos, que le sugieren al individuo fórmulas estrictas de actuación predeterminada en casi todas las actividades cotidianas.

La rigurosidad del cumplimiento de las reglas de honor establecidas en un grupo conlleva la actuación obligatoria, porque el no hacerlo constituye una infracción que se juzga duramente y, por la cual, se le hace pagar un precio muy alto. Por eso se le exige a la persona honorable actuar con prudencia, siempre pensando y valorando sus acciones antes de realizarlas.

En épocas pasadas, el honor fue el motivo de muchas muertes, principalmente en las clases sociales más elevadas, por querer mantener los estándares de operación social, alejados de la sensibilidad que caracteriza a todos los seres humanos.

No podemos negar que la falta de honor también ha afectado la relación social, dando como origen *al legalismo,* el cual trajo como consecuencia el establecimiento de todas las leyes, la institución de los tribunales, las cárceles, la aparición de los profesionales abogados y la creación de la fuerza pública autorizada.

Todos estos elementos que forman el sistema legal son los que se encargan de guardar la honorabilidad en las relaciones sociales, en todo el sentido de la palabra, monitoreado por el estado de gobierno a través de los poderes legislativo y judicial.

La honorabilidad representa la delicadeza que manifiesta un individuo cuando en su actuación se evidencia, el apego a todos los principios morales que rigen a su grupo. Es la posibilidad de manejar la urgencia de la necesidad física frente a la prioridad que exige la actuación social aceptable.

Comentario

Estas son las reglas de orden social más importantes, pero el aumento de las ciencias y el avance de la tecnología han estado rebajando su valor, por lo que se hace necesario recuperarlas y ajustarlas a la necesidad real del desenvolvimiento cotidiano, marcando como el punto más importante, al derecho que nos corresponde a todos y la necesidad de que lo respetemos.

Aprendiendo, principalmente, a respetar nuestro derecho para no caer en el absurdo de que sea otro el que deba respetarlo primero. El *respeto al derecho propio y al ajeno es una condición básica para lograr transitar libremente en la vida, desde nuestro punto visionario hasta el alcance de nuestras metas.*

CUARTA COLUMNA
Expresión de la Actitud Personal Terminada
Humildad, Gratitud, Dominio Propio
-Conciencia-

La humildad: es la capacidad de reconocer que no somos perfectos, y que nuestros defectos son debilidades que nos limitan. Es esa condición que nos hace entender que siempre necesitaremos el apoyo o la ayuda del otro, por más propiedades materiales o intelectuales que tengamos, aunque gocemos de buena salud y abundante abastecimiento para vivir. La humildad nos permite reflexionar y alcanzar la consideración de que todos somos criaturas de la misma especie, que es la mínima condición que nos iguala a todos.

La mayor manifestación de humildad es el acto de ayudar a los necesitados y, si uno es el necesitado, dejar que lo ayuden, reconociendo así que solo no podemos. *De esta manera, todos debemos disponernos a ayudar y abrirnos a recibir ayuda.*

Se puede considerar que un grupo es la reunión de dos o más individuos que tienen propósitos similares, en este caso, el propósito básico de los grupos humanos es la supervivencia y en el trabajo de sobrevivir todos somos importantes, todos nos necesitamos. Por lo tanto, *nunca, por más hábiles que seamos, lograremos alguna meta sin la ayuda o colaboración de otros.*

La gratitud: se entiende como gracia o favor a la asignación del disfrute de un bien material o psicológico, sobre la necesidad de un individuo, el cual es recibido como una donación, porque su entrega no demanda ninguna devolución.

El gesto protocolar de expresar el sentirnos agradecidos diciendo *"gracias"*, no expresa con sinceridad el que se esté agradecido, más bien esta expresión es una norma de cortesía, generalmente hipócrita, que sirve para disimular la falta de un sentimiento verdadero.

La verdadera expresión de gratitud se refiere a la actitud que se desprende del sentimiento de satisfacción, que proviene del disfrute del beneficio de la donación o gracia otorgada. *Por eso el gesto de gratitud se relaciona con la acción de bienestar reflejada sobre el donante o sobre otros necesitados.*

Decir que se está agradecido no indica nada; actuar como si se está es la mejor demostración de gratitud porque la acción tiene mayor significado que la palabra.

El dominio propio: el dominio emocional es el tesoro que todos queremos tener, porque muchos creen que es la terminación perfecta de la construcción personal, pero en realidad no existe la posibilidad de tal control.

Según la opinión popular, en algunos casos, se admite el control de las emociones basado en saber cómo se originan, y en la posibilidad de afectar su trayectoria según nuestra conveniencia y la del grupo. Pero nosotros creemos que las emociones son producto del proceso emotivo que inicia con la comprensión del conocimiento, ya sea natural o adquirido, y termina con la elaboración de los deseos.

La emoción es un vector que relaciona, dinámicamente, al estímulo con la respuesta. Es la fuerza que los vincula, pero se da tan rápidamente que solo vemos el estímulo y, de repente, tenemos un deseo entre manos que su materialización suele ser la respuesta al estímulo. Este proceso es espontáneo y muy rápido, por lo que creemos que de manera consciente solo alcanzamos a experimentar el resultado al sentirnos embargados de los deseos, y ante ellos solo podemos decidir si los materializamos o los reprimimos.

Esta capacidad de decisión frente a los deseos generados, para evitar una respuesta errónea o no conveniente, es lo más que podemos lograr en el camino de lucir la mejor actuación frente a los demás. El poder obtener la regularidad de la actitud reflexiva sobre todas las situaciones que nos abordan, con el fin de devolver la respuesta más conveniente es a lo que llamamos *"dominio propio"*.

Comentario

Los principios morales que están incluidos en esta columna son los que determinan el establecimiento de *la plena conciencia* sobre el ejercicio de la vida, la cual debe llevarnos por el camino más correcto hacia el alcance de nuestras metas con la aprobación de todos nuestros observadores, recuperando el mejor nivel de satisfacción interna y disfrutando, a plenitud, nuestra paz interior.

La capacidad, la decisión y el respeto son los que demuestran que actuamos de manera correcta y consciente, lo que nos hace susceptibles de que se nos atribuya la responsabilidad de nuestros actos.

El poder demostrar que podemos ser responsables nos otorgará toda la autonomía del derecho que nos corresponde, el cual podremos ejercer, en todo el sentido de la palabra, para bien o para mal. Nuestra suerte quedará en nuestras manos con el apoyo de todos los demás miembros del grupo.

De aquí en adelante solo nos queda la decisión de vivir, el deseo de servir y el gozo de ser nosotros mismos en la trayectoria y operación de nuestra personalidad.

3

Técnica básica para alcanzar el dominio propio

La actuación

La actuación como respuesta básica frente a la expectación de la realidad del entorno, en donde cada día se desenvuelve nuestra vida, puede considerarse como una unidad de comunicación, cuyo vector secuencial indica tres niveles:

1. Observación de la idea o conocimiento
2. Producción y traducción sentimental
3. Manifestación de la acción

Desarrollo:

1. Observación de la idea o conocimiento.

El proceso de la actuación se inicia a partir de la observación de nuestro entorno, apoyado en la demanda de nuestra necesidad de mantener el latir de la vida. De este proceso de observación es que se crean las ideas o alianzas cognoscitivas que alcanzan significado.

Al conocimiento que nos referimos en este caso es la información que recogen los sentidos, es decir, a las imágenes energéticas que son llevadas hasta la mente racional, y que pueden ser sometidas al proceso comprensivo, con la finalidad de diseñar una idea que represente un paso firme en el inicio de la actuación.

La idea

Definición: la idea es el resultado primario del proceso comprensivo de la acción mental, en donde todos los elementos observados y abstraídos hasta la mente por los sentidos, se eslabonan en una secuencia lógica mediante el proceso racional del pensamiento a partir de lo percibido a través de nuestros sentidos, logrando un circuito informativo perfecto, formando una unidad de conocimiento que funcionará por sí sola, debido a la integración en bloque de todos sus elementos.

La percepción sensorial:

Percepción es un vocablo que procede del verbo percibir, que significa la capacidad de observar con intención, captar, capturar o atrapar información en los niveles puramente intangibles, inmateriales o abstractos.

Lo sensorial se refiere a los sensores o captores de la información, instrumentos físicos especializados en la observación de las diferentes realidades en que nos encontremos, con la finalidad de tomar copia de ellas y enviarlas hasta la mente racional, donde se instalará el proceso de comprensión mental.

De manera que la percepción sensorial se refiere a la capacidad de abstraer lo que conocemos, o reconocemos, de lo que nos rodea, por medio de la observación de nuestros sentidos. Esta marca, o determina, la entrada de la información a la mente racional y da inicio al proceso comprensivo.

Aun así, para entender este proceso, primero deberemos describir el trabajo que realizan los órganos de los sentidos para capturar la información.

Lista de los sentidos con sus respectivos órganos:

1. La vista: el ojo.
2. El oído: el oído
3. El olfato: la nariz
4. El gusto: la lengua
5. El tacto: la piel

Los sentidos son como espías que verifican las circunstancias en las que se encuentra el individuo, de donde deberá obtener lo necesario para seguir existiendo. Cada uno de ellos realiza funciones específicas y especializadas en la recolección de la información que viene del exterior. Ej.: el ojo solo puede ver y el oído solo puede oír, nunca será posible que el ojo pueda oír, o que el oído pueda ver.

Cada uno de los sentidos tiene un órgano que le permite realizar su tarea, la cual puede describirse en cuatro (4) pasos:

1. Enfoque
2. Captura
3. Aprehensión preliminar
4. Archivo

1. El enfoque: es dirigir la atención, o la observación, con intención, que permite la abstracción de las combinaciones energéticas que determinan los tamaños, las formas, los colores, los sabores, los olores, los sonidos las texturas, las temperaturas, las concentraciones de masa y peso, así como las presiones con niveles de fuerza.
2. La captura: la energía expresada en los elementos que componen el paisaje, no solo puede ser observada por los órganos de los sentidos, sino que estos también tienen la capacidad de hacer copias y envíos a la base de la mente racional, utilizando códigos de energía de reacción química, bajo la seguridad de que estos no perderán su fidelidad.
3. La aprehensión preliminar: es la capacidad de interpretación de los códigos y la revelación de la realidad observada, a la conciencia.
4. El archivo: inmediatamente después de la revelación se produce una copia de archivo que sirva de referencia para el futuro, la cual es depositada en la

memoria, aunque la información sea procesada en el mismo instante.

Pero es interesante observar que ninguno de los sentidos cuenta con una memoria aparte donde pueda archivar sus percepciones, porque la información capturada por cada órgano sensorial es un fragmento de la realidad percibida y deberá ser depositada en un archivo común para todos los sentidos, para que, mediante el proceso lógico del pensamiento, se eslabonen con el fin de construir la idea.

El proceso comprensivo mental:

La comprensión significa entender, con precisión, que se puede interpretar como una clara apreciación de lo que se ha observado. Pero la claridad es una expresión de luz, y la luz es energía generada. La apreciación es la estimación o valoración de la información como algo cierto, es decir, como una verdad. De esto se trata la comprensión mental, de la generación de luz a partir del empalme de circuitos energéticos que cobran significado y producen más energía.

El significado es la revelación del conocimiento o idea terminada, es lo que se comprende, lo cual se convierte en la razón básica para actuar. Cuando se enciende la luz de la comprensión, es cuando se revela a nuestra conciencia la realidad del proceso lógico del pensamiento, la cual nos da el punto exacto para accionar, con el fin de obtener lo que necesitamos para sobrevivir.

Ya sabemos que el proceso comprensivo se inicia cuando los códigos de reacción química, que contienen la información de lo que se ha observado, llegan a la base de la mente racional, cuya ubicación, en el diseño arquitectónico del cuerpo, se calcula en una zona del cerebro y que este es el órgano principal que dirige las operaciones del sistema nervioso. Pero su estructura incluye dos glándulas (hipófisis y pituitaria), que manejan energía química, basada en códigos cognoscitivos, las cuales ayudan en la interpretación de las realidades observadas.

Su ayuda consiste en eslabonar los códigos cognoscitivos que resultan de los fragmentos de la percepción sensorial, los cuales son depositados en una memoria común, en donde se relacionan hasta hallar el sentido que le otorgue significado y representación, ya sea gráfica o idiomática. Es decir, al eslabonarse los fragmentos de la percepción, estos facilitan la comprensión y revelación de las ideas a la conciencia.

Consecuentemente, la energía que genera el microcircuito energético informativo que representa la idea, es aprovechada por las glándulas para hacer reproducciones de la misma, las cuales son manifestaciones físicas del conocimiento comprendido. Esta es una producción glandular especial, dirigida a las demás glándulas del cuerpo, las cuales reciben esta información como un estímulo que las incita a producir otros productos hormonales que pueden alterar el ánimo al acelerar el ritmo cardíaco.

El sentimiento: resultado de la comprensión mental

La generación energética de la claridad comprensiva es a lo que llamamos sentimiento. Este campo energético se origina al concluir el acto comprensivo mediante el eslabonamiento de los códigos cognoscitivos que completan una unidad de conocimiento, haciéndolas alcanzar la significación.

Pero la mente racional es capaz de eslabonar un conjunto de ideas para alcanzar niveles más elevados de comprensión. El proceso sentimental no es tan sencillo, ya que tras la generación inicial de energía, esta se regenera en escala que puede ser ascendente o descendente y, de la misma manera, como este campo energético es el que patrocina la producción emotiva, las emociones pueden ser violentas (positivas o negativas), o depresivas.

Además, podemos señalar que la producción sentimental es igualmente una fábrica de energía, cuya base es la comprensión cognoscitiva. Este es uno de los papeles estelares del cerebro que, ayudado por los sentidos, puede producir energía basada en la comprensión del conocimiento.

Naturalmente, podemos afirmar que, cuando hablamos del cerebro, estamos refiriéndonos a un órgano de acción dual, tanto maneja funciones puramente físicas, como psicológicas. Él es el responsable de balancear las decisiones entre lo físico y lo psicológico o, mejor dicho, entre la mente irracional (instintiva o genética), y la mente racional o psicológica, por lo tanto, en él es que se sopesan las decisiones sobre qué mente gobernará la acción. En esta parte, los contrincantes que se enfrentan son el temperamento, que representa la fuerza impositiva de expresión de la mente genética o irracional, la cual desea, con más o menos intensidad, satisfacer una necesidad física versus el carácter que representa la fuerza de la convicción por la aceptación del conocimiento acumulado en la memoria de la mente racional como una verdad irrefutable.

Un conocimiento comprendido, aceptado y reconocido como una verdad, es un agente cognoscitivo que, traducido a códigos de reacción química, puede viajar por todo el cuerpo y crear nuevas alianzas cognoscitivas a nivel genético, provocando cambios o transformaciones que pueden repercutir en las nuevas generaciones.

El proceso emotivo o traducción sentimental

Se puede describir el proceso emotivo como una serie de actividades que traducen el sentimiento de la virtualidad a la realidad, de lo subjetivo a lo objetivo, de lo abstracto a lo observable, de manera que pueda ser evaluado. Si contamos con que la producción sentimental está determinada por la percepción sensorial y limitada por la capacidad de producción de la hipófisis o pituitaria, tendremos que decir que no es constante y, además, es diferente en cada persona.

La energía o poder sentimental alcanza su traducción de lo real-virtual a lo real cuando es utilizada para producir hormonas, las cuales causan toda una serie de efectos especiales físicos que describen el cuadro emotivo humano.

Ya sabemos, por el conocimiento científico acumulado, que las hormonas son sustancias neurotransmisoras que transportan informaciones. Es decir, estas son las representaciones físicas del sentimiento, que ahora traducido, viaja a todo el sistema glandular, llevando nuevas órdenes de producción.

Estas órdenes o pedidos son los estímulos que incitarán a las demás glándulas a aumentar su producción, lo cual garantizará una cantidad extra de material fluido, que será vertido en el torrente sanguíneo, lo que resulta en un aceleramiento de la bomba que maneja los líquidos del cuerpo, como lo es el corazón.

Además, se produce un estiramiento de los tejidos de las arterias y las venas, para ensanchar las vías de tránsito de los fluidos por el aumento del volumen de la sangre versus la resistencia que hacen los tejidos, formando un ciclo de presión y depresión múltiple instantánea, que hace que la sangre llegue a todos los lugares del cuerpo, logrando alterar el metabolismo, provocando, así, un reflujo de sangre que se manifiesta como un estado físico ansioso, que es, a lo que en la mayoría de los casos, llamamos emoción.

Todos los efectos especiales resultantes de la disipación del campo energético, desde el cerebro al resto del cuerpo, es lo que llamamos ciclo emocional de acción física interna.

La intensidad de la acción física externa será determinada por los siguientes factores:

1. *Por la velocidad del flujo de emisarios hormonales (estímulos o incitadores), que viajan por todo el cuerpo, desde la hipófisis o pituitaria a las demás glándulas del sistema endocrino.*
2. *Por la cantidad de emisores hormonales producidos por las demás glándulas, que se suman en una sola respuesta creando la fuerza del impulso.*
3. *Por el contenido informático de los genes que expresan su necesidad en forma de deseo que demanda satisfacción.*
4. *Por el conocimiento archivado en la memoria de la mente racional.*

En este delicado ejercicio mental es donde se trastorna, tergiversa o confunde sobre qué parte de la mente, la racional o la genética, es la que maneja la fuerza del impulso que motoriza la acción, porque, aunque el proceso se inicie en la mente racional, esta, de manera inevitable, hace una especie de consulta a la mente irracional o genética para producir una respuesta integral frente a las necesidades de la unidad que, básicamente, *es una integración dual. Ninguna de nuestras respuestas frente a la expectación de nuestras realidades es puramente racional, ni puramente irracional.*

La producción emocional, finalmente, se traduce en la fuerza que patrocina el impulso físico externo, el cual se describe en el trabajo físico mecánico que llamamos "acción".

La acción

Es la actividad que manifiesta el sentimiento, de manera que pueda ser observado y evaluado por los demás miembros del grupo hacia quienes va dirigida la actuación. Ella es la que evidencia la existencia del sentimiento, el cual expresa cuál es nuestro estado de ánimo interno con respecto a lo que hemos observado, con cualquiera, o con todos nuestros sentidos.

El temperamento vs. el carácter

Siempre que hablemos del ser humano, debemos mantener presente, en nuestra conciencia, que este es una integración dual: el cuerpo y el espíritu. El cuerpo es la representación física del individuo y el espíritu es nuestra potencialidad de aprendizaje, la parte psicológica, nuestra realidad virtual.

Partiendo de esta proposición, podemos decir que el temperamento y el carácter se refieren al individuo, pero el temperamento se refiere a la parte física y el carácter a la parte psicológica. A pesar de esta aclaración, la mayoría de las personas se refieren tanto al temperamento como al carácter como si hablaran de la misma cosa por lo confuso que resulta el tema. Para tratar de ayudar en la comprensión de ambos conceptos lo veremos por separado y, al mismo tiempo, comparándolos de manera que podamos apreciar que, aunque parezcan lo mismo, existe una diferencia significativa entre ellos.

El temperamento: podemos considerar al temperamento como *la fuerza* natural e instintiva con que el yo interior manifiesta sus exigencias para conservar la existencia.

El carácter: consideramos al carácter como *la fuerza* de la voluntad, adquirida de la aprehensión del conocimiento, por medio del proceso de la comprensión mental, con el fin de crear verdades operativas que favorezcan la integración del grupo, con la finalidad de ampliar las posibilidades de sobrevivir.

Observamos entonces que, tanto el uno como el otro, representan *una fuerza*, lo cual hace que, desde el inicio de esta explicación, podría producirse una confusión. Pero, satisfactoriamente, podemos indicar que, aunque ambas representan *una fuerza*, una es natural y la otra es adquirida.

Lo natural es con lo que se nace y lo adquirido es lo que se aprende después que se nace. Decimos, entonces, que el temperamento es una fuerza con la que se nace y el carácter es una fuerza que se adquiere.

De manera sencilla, podemos citar que según el diccionario: "la fuerza es un vigor, una energía, un poder o una capacidad", lo que nos hace entender que el temperamento es una fuerza, un vigor, una energía o una capacidad con la que se nace y el carácter, casi de igual manera, es una fuerza, un vigor, un poder o una capacidad, pero que se diferencia del temperamento, porque es adquirida como consecuencia del aprendizaje.

Antes de continuar, debemos aclarar, o recordar, un detalle importante sobre el origen de la fuerza, vigor, poder o capacidad, y es que la energía representada en este caso es el resultado de la comprensión del conocimiento. Esto nos lleva a pensar que, tanto el carácter como el temperamento son fuerzas que se originan en una fuente cognoscitiva que, siguiéndoles las pistas a las fuentes, una debe ser natural y la otra aprendida.

Declaramos, en este punto, otra similitud, ambas fuerzas están basadas en la comprensión de conocimientos o informaciones, pero un conocimiento es natural y otro es adquirido. El conocimiento natural es aquel con el cual se nace y el conocimiento adquirido es aquel que se aprehende después que se nace.

Todos podemos comprender con facilidad el conocimiento que se adquiere, que es el que nos enseñan en la casa, el que aprendemos en la calle, el que nos enseñan en la escuela y la iglesia, todo el contenido sustancial informático del que nos alimentamos cada día y que procesamos a través de nuestras mentes racionales, y lo mantenemos al alcance de nuestras conciencias para utilizar su fuerza en la tarea de supervivencia.

Sin embargo, somos incapaces de reconocer cuál es el conocimiento natural del cual procede la fuerza del temperamento, porque, precisamente, este conocimiento, aunque es una fuente de energía poderosa, nunca fue revelado a nuestra conciencia, nunca ha pasado por nuestras mentes y, aun así, el haber hallado comprensión no solo generó energía, sino más bien, la comprensión de este conocimiento fue la que le dio origen a nuestras vidas.

Realmente, la apreciación más básica de la generación de energía o poder a partir de la comprensión del conocimiento, está graficada en el ensamble genético, que representa una alianza cognoscitiva comprensible, la cual produce una energía con la capacidad, no solo de encender la chispa de la vida, sino que también la sostiene desde la potencialidad hasta la plenitud.

Expliquemos este párrafo según lo que ya sabemos del conocimiento científico sobre la biología humana. El ser humano se reproduce a partir de dos células: el óvulo y el espermatozoide. Cada una de las células tiene, en su núcleo, 23 cromosomas, es decir 46 cromosomas en total si se suman los dos núcleos. Estos cromosomas son paquetes de genes que contienen la información de cada uno de los padres, con la que se construirá el mapa genético para dar origen a otro individuo. Para dicha construcción hacen falta los 46 cromosomas, estos deben aparearse y formar 23 pares, pero el óvulo contiene la mitad de cada par, y los espermatozoides las otras mitades. No podemos calcular que el óvulo tiene 11 pares y medio, y de igual manera con el espermatozoide, porque la realidad es que los 23 cromosomas del óvulo deberán buscar su compañero entre los 23 cromosomas del espermatozoide, y hasta que no se dé esta comprensión cromosomática, no se encenderá la chispa de la vida. Ahora bien, cuando los cromosomas hallan la comprensión y se forman los 23 pares, inmediatamente se enciende la chispa de la vida, a esto es que le llamamos ensamble genético. Este ensamble da origen a la célula madre, o mapa genético que contiene toda la información potencial del individuo, porque contiene todo lo que va a ser el individuo cuando alcance el desarrollo pleno, es decir, cuando alcance la plenitud. Todos los proyectos de construcción de los sistemas que forman el cuerpo están incluidos en el mapa genético, incluso el proyecto de construcción de la mente racional.

Es importante aclarar que no debemos perder de vista que el mapa genético contiene el proyecto de construcción de la mente racional, por lo que, lógicamente, la mente racional no puede contener y dirigir el proyecto de construcción de la totalidad del cuerpo del individuo.

La célula madre es el banco original depositario de toda la información del mapa genético y esta, a su vez, al irse clonando, la fue copiando en cada una de las células en la que se fue multiplicando. De manera que cada una de nuestras células tiene una copia fiel del mapa genético, incluyendo todas las células del cerebro en el cual se encuentra ubicada la mente racional. Es decir, esta información sí se encuentra en las células que se encargan del trabajo de razonamiento, comprensión y aprendizaje del conocimiento adquirido, pero en una forma secreta y confidencial que no se refiere directamente a la capacidad de cognición.

Podemos apreciar, entonces, un conocimiento cuya comprensión le da origen a la vida, que se encuentra en cada una de nuestras células, al que llamaremos "básico" o "natural". Este conocimiento, que se quedó a nivel del núcleo celular, es el padre de la mente racional, por lo cual nunca fue razonado, y todo lo que no puede ser razonado se le llama irracional. De esta manera, decimos que los núcleos celulares componen la mente irracional, porque contienen toda la información del proyecto de construcción de la parte física del individuo, la cual alcanzó la comprensión sin la intervención de la mente racional mediante el apareamiento de los cromosomas, logrando producir la energía capaz de encender la vida. Es decir, que el conocimiento natural fue comprendido y generó energía de manera espontánea y automática. He aquí la fuente de donde emana la fuerza, el vigor, la energía o capacidad que patrocina al temperamento.

El otro conocimiento que podemos apreciar es el que resulta de la comprensión del conocimiento adquirido, mediante la percepción sensorial. Este conocimiento procede del exterior, del entorno, porque la mente racional es un dispositivo del cuerpo para la comunicación exterior, con el fin de hallar o crear las condiciones más favorables para sobrevivir.

El conocimiento o información del mapa genético, cuya comprensión generó la energía vital, es el mismo sobre el cual versa el temperamento y es esta energía vital la que patrocina su fuerza, por lo que decimos que el temperamento es una expresión natural y constante de la vida, por lo que el temperamento nunca dejará de manifestarse, aunque el nivel de su fuerza cambie de un individuo a otro, por no ser idénticas las alianzas cromosomáticas. En cambio, el conocimiento que se aprende, sobre el cual versa el carácter, depende de la cultura, del estado de gobierno, de las creencias religiosas, de la escuela, de la estabilidad de la familia y de la sensibilidad para la captura del conocimiento o la capacidad de aprendizaje y almacenamiento del mismo.

Existe una ventaja con respecto al conocimiento que avala al temperamento sobre el que sustenta al carácter. Esta ventaja está marcada en que el conocimiento que genera la fuerza del carácter debe adquirirse mediante el aprendizaje y, luego, archivarse en la memoria, ya que el espacio virtual de la conciencia es pequeño y no se pueden tener todas en el plato de la conciencia al mismo tiempo.

Cada vez que la mente racional necesita una información, recurre al recuerdo, trayéndola otra vez a la conciencia para enfrentar la situación que resulte ser su realidad inmediata. Pero aquí enfrentamos la mayor dificultad, porque todo lo que es susceptible del recuerdo puede adolecer de olvido.

Cuando se trata de recordar, lo que se busca es la luz de la energía de la comprensión (revelación a la conciencia), y cuando no se puede recordar a tiempo, entonces uno queda en las tinieblas, sin la claridad y sin la fuerza para accionar como corresponde. Es decir, este suministro de energía no es constante.

Del otro lado, el conocimiento básico o natural, ante la incapacidad de la imposición del carácter sobre el temperamento, alcanza su mayor libertad de acción, ya que el conocimiento que lo patrocina, al encontrarse en el plato de la irracionalidad, en los núcleo celulares, fuera de la mente racional, no necesita ser recordado, ni mucho menos se puede olvidar. De manera que, como es el generador de la energía vital, él siempre está preparado para expresarse. Es decir, la manifestación del temperamento es constante.

Vemos claramente que el temperamento es una fuerza constante, y el carácter, por no ser constante, diremos que la fuerza del carácter es inevitablemente variable. Por eso, ante la constancia del temperamento, generalmente, admitimos que la fuerza del temperamento se impone por encima de la debilidad que representa el carácter por su variabilidad.

Ahora bien, dijimos que el conocimiento archivado en los cromosomas es de tipo secreto y confidencial para la mente del individuo, es decir, que el individuo, a través de su mente racional, no puede acceder, de manera voluntaria, a esta información que está depositada en los genes y oculta para la conciencia, ya sea para usar la energía que procede de su comprensión o, sencillamente, con el interés de modificar esa base de datos.

No podemos negar, definitivamente, que la mente física celular o irracional se comunica con la mente racional, pero no existe un acceso directo, *consciente,* entre las dos mentes. Por ende, para traer a nuestra conciencia dichos conocimientos, el hombre ha dedicado mucho tiempo para la investigación y la experimentación sobre el caso. La abstracción que ejerce la mente sobre los resultados de las investigaciones en el tema, es lo que nos ha permitido crear conciencia al respecto.

¿Sobre qué versa la información que tenemos en los cromosomas? Los cromosomas son paquetes de genes, y estos son los que contienen la información que da origen a un individuo, es decir, a una unidad con vida independiente, capaz de sobrevivir por la generación de su propia energía. Por tanto, los cromosomas o paquetes de genes contienen la totalidad del mapa o esquema de construcción física, así como el funcionamiento simultáneo, coordinado de los diferentes sistemas que lo integran. Dentro de todos estos sistemas está calculada la mente racional, la puerta de entrada del conocimiento, por lo que esta, en su diseño, tiene predeterminado algunas informaciones sobre el método y manejo de información, que terminan expresándose en formas de conductas básicas que se refieren a la supervivencia.

De modo que el mapa genético no se trata de la información puramente física, sino que también incluye aspectos psicológicos sugeridos, como una manera de enfrentar las prioridades de la supervivencia. La información del mapa se refiere a un plano único, a un individuo y, aunque contiene la parte psicológica, no hay nada en él que le indique al individuo que existen más especímenes.

La estructuración de su mente racional solo está programada para su uso, no hay ningún preentendimiento de que existan otros individuos. Por eso señalamos que esta información es lo que determina la individualidad de este nuevo espécimen, ya que ahora su programación no se relaciona con otras con las que guarda similitud. La operación de esta programación demuestra la repetición de conductas específicas del individuo que se refieren a su conservación, su seguridad y su reproducción.

Pero, en base a estas tres prerrogativas, tendremos que determinar una contradicción, porque es posible que un individuo pueda realizar actividades conservacionistas, como el alimentarse, o de seguridad, como el prodigarse un techo, sin la necesidad de otros, o sea, de manera individual, pero a la hora de la reproducción necesitará relacionarse con otro individuo.

Estábamos casi seguros, de que la información contenida en los genes que da origen a un individuo, era completamente de inducción individualista, pero al momento de la reproducción no nos queda más que admitir, que la información contenida en los genes, también incluye algunos patrones de conducta, que se refieren a la socialización, porque esta es necesaria para hallar pareja cuando se alcanza la etapa de la reproducción. Aunque no obstante eso, debemos calcular la misma intención de reproducirse como una necesidad individual, por lo que, hasta en eso, entendemos que las conductas son de tendencias egoístas.

Queda claro, pues, que la información del mapa genético, tiene una tendencia al individualismo, que traducido al modo y tiempo real se llama *"egoísmo"*. Entonces, en este punto, exponemos que la información natural con la que se nace, de donde emana la fuerza, vigor, energía, poder o capacidad del temperamento, es una fuerza desintegradora, porque concentra al individuo en sí mismo, reconoce su individualidad y lo faculta para defenderla bajo el lema de la supervivencia.

Cuando se manifiesta el temperamento, evidenciándose por medio de la acción, generalmente, es intentando la conservación, la seguridad o la reproducción, como una demanda del individuo de satisfacer su prioridad: *"¡seguir existiendo!"*. Imaginemos ahora, ¡qué tan fuerte somos cuando se trata de defender la propia vida!

Hablemos del contenido de la mente racional, del conocimiento que se adquiere. Si intentásemos delimitar el conocimiento que se puede adquirir, estaríamos tratando de disimular la limitación propia de la mente racional, la cual está diseñada para escudriñar el entorno en el cual el individuo debe hallar todo lo suficiente para satisfacer sus necesidades. Por esta razón, no queremos darle importancia a qué tipo de información puede procesar la mente racional, sino más bien, de qué manera la mente racional concibe lo que es la supervivencia, a partir de sus observaciones del medio.

A través de la historia de la evolución social, en el proceso de adaptación, en las diferentes regiones que ha escogido para ser habitada, el hombre ha aprendido que la supervivencia, realmente, es posible si se mantiene el grupo. Es decir, la mente racional visualiza la supervivencia desde el punto de vista del grupo, cuya prioridad es vivir en armonía, mientras que la mente irracional contempla la supervivencia desde el punto de vista individual y su prioridad es la existencia única. Claramente, se observa la contradicción; el temperamento es una expresión constante e individualista, mientras el carácter es una expresión variable y socializadora.

¿Cuál es el criterio que prima entonces? ¿El individual o el socializado? Lo cierto es que debemos admitir que priman los dos regímenes. Naturalmente, somos individuos indivisibles, individualistas que promovemos el individualismo, pero nuestra mayor prioridad es sobrevivir, y para hacerlo necesitamos el grupo, de manera que, de repente, aquí cabe el dicho que dice: "estamos juntos, pero no reburujados", es como querer disfrutar la liberación del individuo que llevamos dentro y, al mismo tiempo, comprender que debemos sujetarlo a las reglas que exige la socialización a fin de conservarlo vivo.

Necesariamente, hay que incluirse en un grupo, de hecho, ya esa inclusión es automática, porque todos los seres humanos vivimos en sociedad, pero para garantizar la cohesión y la armonía del grupo, es necesario que se establezcan reglas de convivencia que intenten el trato igualitario de cada uno de sus miembros.

Esta puede ser la mejor descripción del cuadro humano, en donde la fuerza que emana del manantial natural del conocimiento, información de los genes, deba ser reprimida por la fuerza generada por la comprensión lograda sobre el conocimiento aprendido, con la finalidad de que el individuo tenga un comportamiento aceptable que le permita vivir en el grupo.

Está claro que la necesidad de forjar el carácter también está basada en la supervivencia, ya que él representa la garantía de reprimir las expresiones temperamentales o individualistas que pudieran afectar la integración del grupo.

Ya sabemos cómo o dónde nace el conocimiento natural y la manera como fue procesado para llegar a generar la fuerza de expresión temperamental, pero no podemos negar que también conocemos la manera de adquirir el conocimiento, ya que en nuestros tiempos, este proceso se llama "proceso educativo", y ya se sabe que es preciso iniciarlo antes del nacimiento.

El proceso educativo de cada grupo humano está determinado por todos los aspectos culturales que interfieren en su integración, como lo es su geografía, su evolución histórica y el desarrollo y avance de las ciencias conocidas. Por eso, todas las sociedades constituyen sus gabinetes de gobierno para, a través de esta institución, poder dirigir el proceso educativo de cada uno de sus miembros, a fin de forjar el carácter de modo igualitario, es decir, basado en las mismas reglas y mediante la creación de verdades operativas que resulten del mismo aprendizaje, las cuales pudieran primar por encima de las verdades operativas naturales, con la finalidad de reprimir las manifestaciones individualistas.

Las verdades operativas son los conocimientos que han alcanzado la comprensión, de manera que, estando en plena generación energética o sentimental, creen la emoción del convencimiento o de la aceptación de lo comprendido, como algo que encierra un valor positivo certificable.

La convicción sobre el conocimiento natural está certificada en el latir de la vida, y la convicción del conocimiento adquirido está determinada por el potencial de aprendizaje, por la capacidad de almacenamiento de la memoria racional y por la posibilidad de recuperación, sobre el tiempo, de verdades archivadas, para enfrentar la expectación inmediata de la realidad. Esta última declaración exige que destaquemos el hecho de que el individuo que tiene un potencial de aprendizaje bajo, generalmente, exhibirá, con mucho mayor frecuencia, conductas individualistas y desintegradoras.

La voluntad (generación y ejercicio)

La voluntad es la comprensión perfecta del bien; y el bien es todo lo que podemos aprender. En este sentido, los bienes cognoscitivos no se refiere, precisamente, a lo bueno o a lo malo, más bien a la propiedad que representa el conocimiento en sentido general.

Por tanto, mientras más alcance aprehensivo y comprensivo tenga nuestra mente racional, mayor es la posibilidad que tendremos de generación de fuerza. No es suficiente la sola aprehensión del conocimiento, es necesario alcanzar la comprensión y operar o funcionar con él.

El aprendizaje se logra mediante la exposición del individuo al conocimiento a través de la percepción sensorial. La comprensión se alcanza mediante el razonamiento del proceso mental, y la funcionalidad u operatividad se evidencia cuando el resultado del aprendizaje se acepta como algo cierto y se utiliza para enfrentar una problemática de la vida diaria.

Esta certificación sobre lo aprendido es lo que determina la convicción, pero estas tienen un punto crítico y es que pueden, o no, admitir duda, y la duda puede establecer tiempo de autodestrucción para las convicciones más fuertes, poniendo en peligro la fuerza de voluntad que emana de las convicciones. Porque la convicción en sí es la que determina la fuerza de la voluntad. Es por esto que, si no estamos lo suficientemente convencidos de algo, si dudamos, la voluntad pierde fuerza.

La manera de lograr el convencimiento es tratando de comprenderlo. En tiempos pasados *el tratar suponía el* esfuerzo mental diario por comprender, esto constituía el mejor ejercicio que pudiéramos realizar para alcanzar la comprensión y la creación de las verdades operativas. Pero en la actualidad contamos con muchos instrumentos científicos y técnicos para estudiar a fondo, y con cierta rapidez, la realidad del entorno, no solo cercano, sino también en el ámbito mundial, llevándonos, con relativa rapidez, a la aceptación del conocimiento científico como verdades prefabricadas, sobre las cuales ya no hay mucho que decir, que se suman a nuestro archivo referencial convirtiéndose en las fortalezas o convicciones que alcanzamos para ejercer nuestra voluntad.

En sentido general, si necesitamos aumentar nuestra voluntad en relación a cualquier decisión que necesitemos tomar, se pueden realizar los siguientes pasos:

1. Plantear lo que se quiere conseguir con respecto al mejoramiento de la propia conducta.
2. Investigar y estudiar sobre casos similares que han vivido otras personas (causas y consecuencias).
3. Hacer comparaciones de las circunstancias de los casos estudiados con las que se viven, para hacer

ajustes y actualizar la información, de manera que pueda utilizarse como conocimiento científico y técnica para crear nuevas verdades que puedan favorecer el aumento de la voluntad.

4. Crear un plan de acción en base a lo aprendido y a lo que se desea lograr teniendo paciencia para ejecutarlo tantas veces sea necesario, ya sea en el día, en la semana, etc.

5. Obedecer el plan de acción. El mayor inconveniente para aumentar la voluntad en cualquier decisión que necesitemos tomar está en disponernos a obedecer nuestras propias órdenes. En la mayoría de los casos, preferimos obedecerles a otros, aun temiendo que estén equivocados.

6. Tener una fe inicial en lo que se quiere lograr es básico para iniciar el proceso de aumentar la voluntad en todo el sentido de la palabra.

Finalmente, para aumentar la voluntad hay que someterse al proceso de aprendizaje hasta lograr la convicción o la creación de la verdad operativa que se constituirá en la base cognoscitiva, la cual servirá de apoyo para generar las comprensiones que producirán los sentimientos y estos, a su vez, desencadenarán el proceso emotivo, el cual tiene por finalidad crear el impulso-fuerza que se llama "deseo".

En este punto describimos cómo la voluntad, que es producto del aprendizaje consciente, se transforma en ganas expresadas en forma de deseo, el cual es la manifestación del conocimiento natural e inconsciente.

Esta es la técnica más efectiva que podemos ofrecer para la generación y el ejercicio de la fuerza de voluntad: la conversión del conocimiento adquirido a un conocimiento natural, cuya comprensión induce a la transformación de la información genética, conocimientos puramente psicológicos, o virtuales, llevados a códigos de reacción química y fijados en los genes para ser utilizados en esta vida y, luego, ser revelados en futuras generaciones. Por tanto, podemos afirmar que la voluntad, a pesar de ser la expresión del carácter (fuerza que emana del conocimiento aprendido), puede adquirir una mayor fuerza cuando su asiento se asegura en la base del conocimiento natural.

La voluntad denota ejercicio mental, esfuerzo y cansancio, mientras que las ganas se manifiestan con naturalidad, sin esfuerzo alguno, de manera inconsciente, constante y segura, al mismo tiempo que garantiza una mayor fuerza del impulso físico y la orientación psicológica de la actuación que se quiere lograr para la materialización de la acción.

Aquí se apunta a que la voluntad se manifestará en forma de deseo, es decir, se expresará con una fuerza cuasi natural que inducirá la acción hacia la mecánica de la actuación deseada conscientemente. Por eso, de manera propia, y en una expresión un tanto confusa, la gente cuando es cuestionada acerca del porqué se comenten actos conocidos como violatorios a los códigos de la ley o la moral apuntan, en algunos casos, a decir: "porque me dio la voluntad", de manera que el hacerlo le produjo, al mismo tiempo, satisfacción física y satisfacción espiritual.

Se tenía conciencia de que era malo, más aún, se desencadenó una malvada pasión que ayudó a materializar una acción impropia. Las ganas son las que se "dan", porque se originan en el subconsciente y, por lo tanto, no se pueden controlar. La voluntad se produce a partir de lo que se sabe y se puede tener efectivo control sobre ella.

¿Qué significa dominio emocional?

Para describir la técnica básica para alcanzar el dominio propio, debemos retomar el significado de la palabra actuación y los elementos que la componen.

Inicialmente, dijimos que la actuación es una unidad de comunicación que consta de tres partes:

1. Conocimiento;
2. El sentimiento y
3. La acción.

La actuación comunica un valor, cuya primera representación es cognoscitiva, la segunda es sentimental y la tercera es física y material. Se inicia en cualquiera de nuestras mentes, ya sea la racional o la irracional. Se sopesa o evalúa en el corazón cuando los códigos virtuales son reproducidos a gran escala, aumentando el volumen de la sangre y, luego, se expresan al motorizar la mecánica de la acción.

Estas tres partes se enlazan en una secuencia mediante dos procesos: el primero es el proceso comprensivo, que encamina al conocimiento, por medio de la interpretación de la información procedente de los dispositivos de captura, como son los sentidos, a convertirse en sentimiento, y el proceso emotivo que encamina al sentimiento a convertirse en deseo, mediante la impresión en lo físico de la energía que lo representa.

El sentimiento es hijo del proceso comprensivo y como tal resulta ser una idea acabada, manejada por cualquiera de nuestras mentes, la racional o la irracional. Y el deseo es hijo del proceso emotivo que integra la idea con la fuerza del impulso natural. Siempre ha sido fácil comprender el contenido de las ideas acabadas de la mente racional porque son fruto del procesamiento del conocimiento adquirido, lo difícil era traducir el mensaje contenido en el conocimiento natural que, gracias al desarrollo de las ciencias y el avance de la tecnología, hoy podemos leer con la misma facilidad.

En resumen, los humanos, no somos idénticos en cuanto a nuestra estructura genética, pero el mensaje en todos tiene un propósito fundamental que es la supervivencia. Con este pretexto, el conocimiento natural se maneja de manera autónoma, secreta y confidencial; hace comprensiones en base a su contenido y pare ideas acabadas a espaldas de la racionalidad. Además, aprovecha el potencial de sus sentimientos para desencadenar procesos emotivos que al cerrar traducen las emociones en deseos y justo en ese momento es que se los confiesan a la conciencia.

El conocimiento que se empieza a adquirir crea el archivo referencial para iniciar la configuración de la base del criterio propio que representa el primer nivel en la construcción de la conciencia. Este es puramente subjetivo y variable, archivado en una base física y objetiva que es propiedad del conocimiento natural. Por tal razón, la conciencia al ser construida tiene dos puertas: una que representa su conexión con el conocimiento natural y la otra, con el conocimiento adquirido. Esto explica por qué razón el conocimiento natural puede confesar con facilidad y de manera inevitable, su deseo a la conciencia sin que esto signifique que ella lo puede entender y evaluar.

La constancia de las percepciones no le da tregua al pensamiento, el cual evoluciona de igual manera. Esto indica que la adquisición del conocimiento es una constante imposible de detener mientras se esté vivo, como imposible es, detener la operación del conocimiento natural, ya que él es la propia vida.

Consecuentemente, los procesos emotivos también son constantes. Y en ambos casos, resultan en una trayectoria de tensiones anímicas que son llamadas emociones, como el miedo, la rabia, la pasión, la alegría, el dolor, entre otros, que al tratar de alcanzar la puerta de salida hacia la conciencia previamente configuran el deseo. Estas tensiones constituyen el pico más alto en la gráfica emocional y representan la mayor fuerza del impulso para abrirle paso al deseo y presentarlo a la conciencia. En la presentación de los deseos que se originan en el conocimiento natural, estos no necesitan evaluación para ser manifestados, más bien la conciencia examina las circunstancias en que se encuentra la persona y decide sobre el lugar y el tiempo adecuados para autorizar su publicación o materialización.

Es decir, la conciencia puede archivar y aplazar la materialización de estos deseos, pero nunca desvanecerlos porque se refieren a la supervivencia. Sin embargo, en muchos casos, la configuración de estas tensiones anímicas, que nacen del conocimiento adquirido, integran, de forma simultanea diferentes aspectos sentimentales que no resultan en un deseo claro que pudiera ser presentado a la conciencia para su necesaria evaluación. Cuando la conciencia, ante lo confuso del deseo presentado no puede admitirlo para evaluarlo, lo hace girar en retorno, generando un hoyo negro en donde estas confusas emociones buscan, desesperadamente convertirse en acciones.

Recordemos que la conciencia tiene dos puertas de entrada. En el caso de los deseos producidos por los conocimientos adquiridos, la puerta de acceso es de doble vía porque la conciencia se apoya en la memoria del archivo referencial y este es el patrón que se usa para determinar la comprensión y dar una idea acabada. De manera que participa de las emociones antes de que se conviertan en deseos. El error aquí no es la ocurrencia del proceso emotivo al producir emociones múltiples simultáneamente, sino la incapacidad de la conciencia para manejarlas porque todo el conocimiento adquirido y archivado en la memoria de la mente racional necesita ser recordado y traído a la conciencia en buen tiempo para ser utilizado en la evaluación del deseo y si el conocimiento se ha olvidado, la conciencia se torna inútil o incapaz.

Además, la configuración del archivo referencial como la del criterio propio, son pasos previos a la aparición de las primeras manifestaciones de la conciencia y para esto se necesita la apertura y operación de la memoria de la mente racional. De esta forma se calcula la construcción de la conciencia en cada etapa considerando primero el contenido del archivo referencial, la fidelidad en la expresión del criterio propio y luego el porcentaje del nivel de crecimiento de la conciencia personal y su conexión con la sociedad. La gestión consciente necesita habilidad de recuperación de conocimientos archivados para ejecutar su dictamen.

En la actualidad enfrentamos otro problema que es la relatividad del mundo moderno, que en un proceso acelerado, ha ido transformando nuestras convicciones en arenas movedizas por la insistencia general sobre la necesidad de cambiar los fundamentos de la construcción social, al cambiar el ideal sobre lo bueno y lo malo, con el pretexto de construir una sociedad más inclusiva. Teníamos un sistema de valores, un criterio propio con identidad social y una conciencia clara con habilidad para gestionar su presente y aun así muchos se confundieron y fracasaron. Pero ahora la confusión es de todos porque la mecánica de los cambios sociales indican que todos debemos ser reconstruidos en la primera fase de la conciencia porque la sociedad no solo ha censurado patrones del juicio consciente, sino que los ha eliminado casi por completo.

Los patrones del juicio que determinaban las ideas malas y buenas están basados en la moral y en la cívica. La moral tiene su fundamento en las costumbres, pero la cívica se origina en la moral. La moral describe un conjunto de principios que norman la conducta en las relaciones interpersonales y la cívica toma los principios más importantes y les da carácter obligatorio al convertirlos en ley y luego ampara a la ley bajo el monopolio de la violencia de la fuerza pública. Ante esta situación, para aliviar un poco el estado confuso, las leyes se autodeterminan como lo más importante a seguir, y mandan a dejar atrás todo el contenido de la moral, en todo el mundo, tratando de desconocer su origen mas primitivo. Esto ha creado nuevas expectativas entre los miembros de los diferentes grupos y ahora cada cual inventa su propia moral. La confusión lejos de mejorar, ha empeorado.

Todos tenemos un hoyo negro emocional, en donde hemos ido guardando emociones que nunca se convirtieron en deseos. Algunas personas pudieron construir un puente para continuar avanzando en la vida, pero otros han sido víctimas de una mayor confusión. Así vemos como la proyección simultanea de sentimientos como el dolor, la tristeza y la rabia, elevan el pico emocional y se transforman en acciones negativas, como lo son la adicción, la prostitución o el suicidio, sin el patrocinio de un deseo propio. Sin deseo no hay fuerza para motorizar la acción y cuando la memoria no puede ofrecer una convicción fuerte para producirlo, la conciencia permite que la emoción se abra paso y consulte a la imaginación, a las redes sociales e incluso a adivinadores del futuro, para considerar deseos ajenos y luego presentárselo a la conciencia como propios, para desahogar el ánimo y bajar la tensión en su manifestación.

Y es precisamente frente a la tragedia, donde todos apelamos al mito del dominio emocional, considerado como la panacea que cura todas las debilidades mentales, porque es donde habita la conciencia. Pero en todo el trayecto de la actuación, desde la adquisición del conocimiento hasta la producción de la emoción, no hay paradas hasta la elaboración del deseo, lo que nos deja claro que no existe la posibilidad de dominar la emoción.

Dos puntos importantes en la estructura de una emoción son su intensidad y su contenido, y en ningún caso la voluntad alcanza para subirle o bajarle la intensidad ni mucho menos para cambiar su contenido. Sin embargo, no podemos abandonar la búsqueda de soluciones, y en ese esfuerzo hemos creado una óptica más ampliada para observar como la conciencia funciona de manera responsable de donde obtuvimos los siguientes detalles:

Primero: el conocimiento comprendido es el punto más primitivo y originario del proceso emotivo.

Segundo: la gráfica final del proceso emotivo revela la intensidad de la emoción y del deseo a producir.

Tercero: el deseo producido basado en el conocimiento natural, no necesita ser evaluado por la conciencia, porque se refiere a la supervivencia primaria del individuo. Pero en el caso del deseo que se origina en la comprensión del conocimiento que se adquiere, este debe ser claro en su presentación a la conciencia, para ser evaluado. La conciencia es un juez personal que solo puede dictar sentencia en la diafanidad de su entendimiento.

Y cuarto: La conciencia es la única responsable de retener el deseo natural en lo que investiga el entorno, para decidir el tiempo de su materialización, o retener y evaluar el deseo adquirido, para decidir sobre si conviene o no, expresarlo por medio de la acción, completando así el esquema de la actuación.

Como todas nuestras acciones, están bajo la responsabilidad de nuestra conciencia, cada grupo debe cuidar el contenido básico de sus convicciones. Estas deben representar fuertes muros, capaces de contener la intensidad del ánimo que se traduce en deseo y permitir la evaluación del mismo, conforme a lo que es bueno o lo que es malo para todos.

A nadie se le exige que domine sus emociones pero si, sus acciones porque pueden ser juzgadas y penalizadas. Ahora sabemos que no tenemos dominio emocional, pero si debemos contemplar el dominio de nuestras acciones, porque llegada la mayoría de edad, debemos responder por ellas ante el Estado. Pero para que este pueda demandar de nosotros esa actuación responsable primero hay que crearnos la conciencia al respecto de ellas, haciéndonos regresar a la necesidad de, primero ser entrenados, para lo cual establece la escuela con una agenda predeterminada que todos debemos desarrollar y al final certifica que estamos preparados para responder por nuestras acciones. Todos fingimos comprender que es más fácil responder solo a la ley, porque la moral representaba un yugo muy pesado, pero originalmente la ley vino de la moral. La moral representa la costumbre, la verdadera identidad, porque en ella se resume lo conceptual de la cultura grupal y constituye la base para interpretar y aceptar la fuerza impositiva de la ley, pero ahora las redes sociales trabajan activamente con el fin de acercarnos culturalmente.

A la oportunidad de poder tomar la decisión sobre la manifestación o reprensión del deseo, es lo que pudiéramos llamar el dominio propio, porque es lo que se recomienda, aprovechar esta parada en la virtualidad de nuestra conciencia para actuar o decidir apegados al código de la moral social y de las leyes que organizan al grupo donde nos ha tocado vivir. Pero la intensidad de nuestros deseos vs. la intensidad de la voluntad pudiera poner en juego nuestras decisiones, en donde, aun conociendo las reglas, la conciencia no pudiera sujetar su decisión a lo que es correcto para el grupo, porque la fuerza del deseo se manifiesta por encima de la fuerza de voluntad. De manera que es indiscutible la necesidad de aumentar la fuerza de voluntad para evitar la incapacidad de tomar decisiones frente a los deseos generados.

La fuerza de voluntad se genera a partir de la comprensión del conocimiento adquirido, por lo que si queremos crear o aumentar la voluntad al respecto de alguna situación, lo primero es la adquisición del conocimiento, de modo que podamos construir convicciones fuertes que nos ayuden en la difícil tarea de tomar las mejores decisiones para vivir en armonía con los demás y satisfechos con nosotros mismos.

Por otro lado, crear o aumentar la fuerza de la voluntad llevando el conocimiento adquirido al plato de la irracionalidad para ser manejado de forma segura, espontánea y automáticamente, constituye un riesgo hoy día, en donde el avance de la ciencia y la tecnología exigen actualización constante de conocimientos, cuya vigencia los convierte en estrellas fugaces, las cuales iluminan brevemente el firmamento de la comprensión humana, y se desvanecen en la constante lucha del marketing y la globalización de la cultura.

Aun así, el mayor riesgo es no fortalecer la voluntad, manteniendo la propia identidad, ya que el sistema global busca la forma de vincularnos y seriarnos en un solo grupo para convertirnos en autómatas, esclavos de voluntades macabras que dicen perseguir el bien de la humanidad. Además, los grandes comerciantes del mundo invierten grandes cantidades de recursos en campañas publicitarias para ir forjando la voluntad de sus futuros clientes, a fin de acaparar, cada día más, el mercado mundial.

Ante esta realidad, es sumamente necesario e importante que nos mantengamos vigilantes para no sufrir, excesivamente, la manipulación en masa que se vive en nuestros días a través de las redes sociales.

Conclusión

La sociedad actual cada vez es más permisiva en cuanto a dejar al individuo que desarrolle su potencial natural, queriendo desconocer que la individualidad es nuestra naturaleza y que se nos hace difícil vivir en sociedad. Hemos llegado al punto de estar juntos, pero no integrados, en dónde no hay fuerza, porque la moda es la desunión o la desintegración social.

Los sistemas grupales de organización social han sido sustituidos graciosamente; la familia va en franca desaparición, la escuela no funciona, las iglesias tienen la misma carátula, pero su contenido es diferente, los representantes del Estado no saben con exactitud sobre qué gobiernan, las leyes fluctúan con una alta frecuencia, de modo que nadie puede apreciar la justicia contenida en ellas. Por esto, actualmente las familias son WhatsApp y Facebook; la escuela es Google y YouTube; la mayoría de las iglesias mantienen, con discreción, la carátula del evangelio, pero su contenido está siendo adulterado y adaptado a los nuevos tiempos, y el estado de gobierno es uno mismo y su propiedad es su espacio virtual, en el que todos podemos hacer lo que mejor nos parece y nadie lo puede evitar.

La sociedad ha sido desarticulada por la virtualidad, ofreciendo mayor movilidad a sus miembros, queriendo desconocer las fronteras, el paisaje geográfico, la historia, en fin, la cultura en sentido general, en nombre de la prosperidad individual. Pero las crías humanas tardan mucho tiempo en valerse por ellas mismas y, para protegerlas, los humanos comenzaron a vincularse afectivamente. A partir de ahí, crearon el sistema social que hoy la virtualidad intenta destruir al promocionar, en primer plano, que la libertad existe en los términos de que cada quien puede tener sus propias reglas para participar, aunque en nada se refiera a su grupo y que el grupo debe comprenderlo y tomarlo como bueno y válido, porque cada quien tiene el derecho de hacer lo mismo. Incluso el avance de la ciencia y el desarrollo de la tecnología han abierto las posibilidades para que se creen grupos virtuales con mayor afinidad que las que se viven en los grupos reales.

La virtualidad ha tomado su lugar de importancia y funcionalidad con relación a algunos trabajos, intercambios comerciales, y hasta con lo que se refiere a los estudios, pero en cuanto a las relaciones personales sentimentales, hasta ahora, la única importancia que tiene es la comunicación a distancia en periodos cortos, porque lo personal es definitivamente presencial.

Sin embargo, los administradores de las redes sociales han establecido normas para organizar las relaciones virtuales de cualquier tipo para proteger los derechos de todos, principalmente el de la privacidad, indicando, así, que siempre en la relación de dos o más personas habrá reglas para establecer el respeto al derecho ajeno que nos garantice vivir en paz. Además, el mundo virtual es como un mundo de juguete donde nos refugiamos cuando queremos escapar de nuestra realidad, por la incapacidad para aceptar la responsabilidades que nos corresponden según las normas establecidas, pero la virtualidad es breve y cambiante y, con más frecuencia de lo que quisiéramos, nos devuelve a la realidad real, en donde volvemos a enfrentar la convivencia en grupo y la necesidad de enfrentar las normas que la organizan.

El asunto más preocupante de los miembros de los grupos actuales es el autoevaluarse, por la confusión que ha ofrecido la virtualización al tratar de incluir valores ficticios para la *autoestimación* de la realidad, que primero tratan de disolver la fuerza de los valores reales, al ser permisivos en la manifestación de conductas salvajes y, luego, ofrece nuevos valores que en nada ayudan a la *integración* real. Es tanta la confusión, que intentar comprender, en estas líneas, la diferencia que hay entre lo virtual y lo real es un desafío que no pudimos enfrentar en este libro, porque nuestro interés está basado solo en la realidad real, que aún sigue siendo lo básico en todas las sociedades.

La libertad no existe ni en lo real ni en lo virtual, porque ambos mundos exigen reglas para delimitar el derecho ajeno. De manera que no podemos negar la necesidad de la *construcción* personal y el establecimiento de la obediencia como primer principio que se debe aprender, para luego ser sujetado a la obediencia de todas las normas que exige la organización social que dice que: *"nadie es, ni puede ser libre aquí"*.

La libertad pura y simple es la manifestación de los deseos salvajes producto de la irracionalidad, que no están sujetos a ninguna regla de *integración* grupal y que, dicho sea de paso, está prohibida en los grupos humanos, los cuales no solo se sujetan a la moral social, sino que también crean las leyes y la fuerza pública para observar el cumplimiento de las mismas, con la clara intención de resumir las contradicciones y mantener la armonía.

Como las reglas o normas que organizan al grupo son muchas y se comienzan a aprender al mismo tiempo que se crea la conciencia, necesariamente el proceso de aprendizaje es sometido a evaluación y que, al aparecer los primeros albores de la conciencia, va quedando bajo la responsabilidad del propio individuo, para alcanzar el nombre de autoevaluación o *autoestimación.*

La autoevaluación se hace necesaria porque el nivel de aprendizaje y aplicación de las normas indica hasta qué punto podemos ser responsables, y ese punto de responsabilidad indica el nivel de derechos adquiridos en la participación grupal.

Los derechos provienen, en la mayoría de los casos, de responsabilidades adquiridas, principalmente en el caso de los adultos, los cuales son otorgados por el grupo. De ahí la necesidad de aprobación social que, justamente, depende de los patrones de la moral y las leyes establecidas en cada grupo.

La *construcción* personal es obligatoria, la evaluación o autoevaluación es imprescindible, y la adquisición de los derechos es más que importante. Por eso, en el ejercicio de la vida debemos ser honestos y sinceros con nosotros mismos al realizar nuestra autoevaluación. Porque un resultado amañado no generará el nivel de aprobación necesario y real para que se nos otorgue el derecho que creemos merecer.

Esto es fácil de comprender en el ámbito profesional y de trabajo, porque todos los días vamos mejorando nuestro perfil profesional para optar por mejores puestos de trabajo que arrojen mayores ganancias y que nos permitan vivir con mayor dignidad.

Finalmente, los valores representan los deberes en la integración social, y pudieran ser útiles si lo aprendemos y lo aplicamos como el mejor método para enfrentar la realidad cotidiana, y esto es lo que necesitamos entender con claridad, porque de su aplicación es que se desprenden los derechos que creemos merecer y constituyen la tabla de referencia, no solo para la evaluación en el trato social, sino también en la autoevaluación o autoestimación.

Por esta razón, presentamos el sistema de valores que se refiere al conocimiento con el cual se forja la actitud personal responsable, de manera que se inhiba el desdoblamiento o la bipolaridad de la personalidad, para evitar la vaguedad en el trato social y darle mayor estabilidad en su presentación frente al grupo.

Creemos que, aunque la tecnología y las ciencias sigan evolucionando, la prioridad en esta época son las relaciones personales cercanas que aún admiten normas de vinculación sobre las cuales se organizan los grupos con presencialidad real, en los cuales se produce una interacción cotidiana y necesaria para la supervivencia.

Sobre el Autor

Fe H. Rincón, nació el 10 de octubre del año 1962, en el Municipio Consuelo de la provincia de San Pedro de Macorís, República Dominicana. Creció en una familia unida, forjada en valores cristianos, es el número 7 de 8 hermanos y, desde muy joven, tenía una marcada vocación para enseñar.

Para el año 1979 inició sus estudios de Magisterio, a nivel técnico, en una escuela local de su país, y para 1981 ya empezaba a dar muestras de su facilidad para enseñar. Fue así que decidió estudiar Pedagogía, con una Mención en Ciencias Sociales, en la Universidad Central del Este (UCE) SPDM, RP, donde se graduó con honores en 1993.

Durante muchos años enseñó a niños, adolescentes y adultos, mientras se desenvolvió en su trabajo de maestra en la escuela formal de su país. La profesora Fe Rincón es una autodidacta, cuya pasión la mantuvo en el camino de enseñar y aprender al mismo tiempo.